KB204248

내 삶을 바꾼 한 구절

내 삶을 바꾼 한 구절

박총

비아
토르
VIATES

일러두기

이 책에 실린 저작물은 해당 저작권자의 허락을 받아 게재하였으나 부득이하게 저자와 연락이 닿지 않아
허락받지 못한 저작물도 있습니다. 관련 저작물에 대해서는 출판사로 연락주시기 바랍니다.

표지·본문 그림 제공: 한국식물화가협회

김혜정 6·73·93·119·131·286 등건려 19·144·183 서자경 191·199·213 송성주 63·83·225·258
우혜영 149·155 이명수 273·307·325·346·357 이수미 29·37·43·52·110·114·172·232·247·297·333

내게 손 흔들어준 이 세상 모든 꽃들과
비루한 이 몸을 환대해준 모든 벗들에게

그리고
"더 머물다 가도 좋아"라고 말할 만큼
조금은 가까워진 우울증에게

Yoojeong 2008. 7

구름체꽃

많은 책들을 읽는 것은 나무를 한곳으로 모으는 것과 같지만, 거기에 불을 지르는 것은 단 하나의 문장이다. 마음에 남는 지울 수 없는 흔적은 여러 페이지를 마음자리에 태워서 생기는 것이 아니라 하나님께서 불을 지펴 벌겋게 달궈놓으신 뜨거운 인두 같은 한 문장으로 선명하게 찍히게 된다.

_존 파이퍼, 《묵상》

책 안 읽는 시대다. 책 읽기 힘든 시대이기도 하다. '헉' 소리 나게 만드는 통계를 제시한댔자 책 읽을 마음이나 여건이 생기는 것도 아니니 평균독서량 따위를 들먹이는 건 관두자. 고요히 책 읽을 여건을 허락지 않는 자본의 횡포에 더해, 책 아니라도 재미나게 시간을 보낼 방법이 지천이니 말이다. 더구나 웹 기반 읽기에 익숙해진 사람들은 활자로 가득 찬 책을 접하면 스크롤 압박을 느낀다고 한다. 암울하다. 그렇다고 여느 꼰대들처럼 혀를 끌끌 차면서, 너희들은 '고로코롬' 저주받은 세대니 계속 그렇게 얄팍하게 살다가 죽으라고 내버려둬야 하는가?

　다윗은 자신의 세대에 부합하는 하나님의 목적을 섬겼다(행

13:36)고 했다. 그렇다면 글쓰기도 우리 세대에 걸맞은 글쓰기, 우리 시대를 배려하는 책쓰기로 독자를 섬길 수도 있지 않겠나. 그렇게 해서 생각한 것이 반짝이는 구절들을 한자리에 불러 모으는 것이었다. 나 혼자 전율하고 희구하기에는 아까운 한 구절, 존 파이퍼의 말을 빌리자면 마음에 '불을 지르고', '지울 수 없는' 자국을 남기는 그 한 구절을 모아 엮어보자는 것이었다. 나는 자기가 읽은 책에서 가장 감동적인 구절을 설레는 입술로 되뇌는 것보다 더 나은 '책 읽기를 권함'을 알지 못한다.

이 책은 내게 찾아와 이내 삶의 갈피에 켜켜이 스며든 구절을 모아 꽃묶음인 양 엮은 나만의 앤솔러지다. 내가 그리스도인이라고 해서 성서와 신앙 서적만을 대상으로 하지 않았다. 시와 문학, 인문, 사회, 생태, 문화, 미학은 물론 타종교의 책갈피에서도 은어처럼 빛나는 구절을 건져 올렸다. 실제로 나는 목사의 설교만큼 노조원의 연설에서도, 신학서적만큼 사회과학서적에서도, 고전만큼 만화책에서도, 찬송가만큼 가요에서도 '은혜'를 받는다. 여기에는 문학과 인문사회과학을 동시에 섭렵했고, 미학 공부하러 유학 갔다 신학을 공부했고, 어느 한 방면의 전문가이기보다 오지랖만 넓힌 내 지적 여정에 신세를 졌다. 더불어, 고등학교 다닐 적부터 10년간 연애하고 결혼한 낭만 성향, '꼬마자동차 붕붕'처럼 꽃만 보면 힘이 나는 생태적 감수성, 사회 불의에 억압당하는 분들을 보면 가만있지 못하는 의협심, 네 자녀를 안방에서 낳고 매번 혼자 산후조리를 감행한 무모함, "덜 벌어 덜

쓰자"를 가훈으로 삼아 우리 시대의 지배적 가치인 맘몬에 똥침을 날리는 반골기질 등 남다른 삶의 여로도 복스럽게 작용했다.

이 책은 편당 한두 장을 넘지 않는 짧은 호흡의 글밭이지만, 여기 실린 인용구와 단상이 전하는 메시지는 사뭇 묵직하다. 싱그레 웃게 하다가도 격한 탄식을 내뱉게 하고, 유쾌한 글맛에 젖게 하다가도 성글지 않은 자기성찰을 요구한다. 바라기는 이 책이 날마다 삶을 담글 수 있는 욕조로 쓰이면 좋겠다. 하루에 한두 점씩 읽으며 여러분의 생활에 밑줄을 그을 수 있게 해주면 좋겠다. 꼭 한두 점일 필요는 없지만 울림을 자아내는 구절이 나오면 거기서 멈추고 내일을 위해 아껴두면 좋겠다. 단번에 후루룩 흡입하는 분들을 말릴 순 없겠지만 저자로서는 이 책이 매일 적당량을 찬찬히 곱씹을 수 있는 묵상집으로 쓰이기를 바란다.

아무쪼록 이 책에 담긴 구절들이 여러분을 아스라한 서정으로 젖게 하다가도 사정없이 내리치고, 애틋하게 애무하다가도 분노하게 만들기를, 그런 과정을 통해 책 읽기의 달콤함을 맛볼 수 있기를, 그래서 여기에 얼굴을 내민 뭇 책과의 해후가 벌어지기를 바란다. 무엇보다 내 삶을 바꾼 한 구절이 여러분의 삶도 바꿀 수 있다면 더 바랄 나위가 없겠다.

그러니 반짝이는 구절들아, 한껏 교태를 부려서라도 어서 독자들을 유혹하렴.

차례

서문 • 007

1 시든 꽃에 반하다

나를 즐기렴 • 016 | 시든 꽃에 반하다 • 018 | 하찮기에 더 소중한 • 020 |
내게 온 이 하나만큼은 • 023 | 거절만큼 절박한 요청이 있으랴 • 025 | 가식
적인, 아니 가시적인 • 027 | 참 즐거움의 색은 초록 • 030 | 믿지 않되 존중
하는 • 032 | 공손히 '살 보시'를 받다 • 033 | 그분이 손수 짠 무늬 • 035 |
노동과 미학이 얼싸안을 때 • 038 | 헌신보다 향유가 먼저다 • 041 | '나'가
아니라 '우리'로 • 044 | 하나님의 동문서답 • 045 | 구제는 없다 • 048 |
아무것도 하지 않는 것이 가장 어렵다 • 050 | 늘 있는 것들을 위한 노래 •
054 | 온 세상 vs. 단 한 명 • 056 | 바람의 애무 • 058 | 고통을 시로 바꾸는
연금술사 • 059 | 나의 살던 고향은 • 061 | 가혹해서 아름다운 행복론 •
064 | 사랑하면 죽는다 • 065

2 시시한 삶을 고르다

나태함의 두 얼굴 • 068 ┃ 둠벙을 만드는 그리스도인 • 069 ┃ 게으름은 천부인권이다 • 072 ┃ 제 숨을 쉬며 걷는 길 • 074 ┃ 오죽하면 하나님이 한숨을 돌리셨을까 • 076 ┃ 안식을 향한 열망 • 078 ┃ 두려움의 부재와 과잉 사이 • 080 ┃ 입맞춤 하나 지니고 살리 • 084 ┃ 말보다 꽃 • 086 ┃ 강함은 관계에서 나온다 • 089 ┃ 우리는 '복수형 단수'로 존재한다 • 090 ┃ 본디 천박한 은혜 • 094 ┃ 신이 날 사랑하는 방식 • 097 ┃ 죽음에서 피워낸 경제학 • 100 ┃ 향유가 생태다 • 102 ┃ 그 집에 가고 싶다 • 103 ┃ 잔인한 소속감 • 104 ┃ 시시한 삶을 고르다 • 106 ┃ 한국 교회에 가장 절실한 가르침 • 108 ┃ 폭풍보다 센 빈풍貧風 • 111 ┃ 가장 무서운 말 • 112 ┃ 광장으로 가신 예수 • 115 ┃ 신이 기도에 응답하는 방법 • 120 ┃ 도리도리가 먼저다 • 122 ┃ 병든 육체와 함께 구원을 기다리다 • 124

3 신발 끈 매는 걸 보러 가다

쥐와의 동침 • 128 ┃ 이야기로 영생하다 • 132 ┃ 예수에 대한 의리 • 133 ┃ 스스로 살 수 없는 하나님 • 135 ┃ 사라지게 두라 • 138 ┃ 방언보다 방귀 • 140 ┃ 출애굽은 모든 나라의 경험이다 • 142 ┃ 세상 모든 주부에게 • 145 ┃ 신발 끈 매는 걸 보러 가다 • 150 ┃ 책 읽기의 회심 • 152 ┃ 전쟁을 부르는 경제 • 156 ┃ 유목이라는 전쟁기계 • 160 ┃ 하늘에 뿌리내린 자들 • 163 ┃ 축제연출가 하나님 • 165 ┃ 꿀 타지 않은 일상 • 168 ┃ 뿌리가 부끄럽다 • 170 ┃ 생활과 신앙이 하나였던 시절의 기도 • 173 ┃ 왜곡된 모정 • 178 ┃ 넌 작아지니? 난 커지는데! • 181 ┃ 획일성의 저주 • 184 ┃ 가까운 벗이 위인이다 • 186 ┃ 귀여운 교인 • 192 ┃ 불안은 나의 양식, 약함은 나의 음료 • 194 ┃ 도시에 사막을 일구라 • 195 ┃ 걷기는 배타적이다 • 196

4 시적이지 않은 혁명은 가라

창녀가 집전한 성찬 • 202 | 두 번째로 위대한 기도 • 207 | 신분 상승의 욕망을 버려라 • 209 | 낮은 자들과의 연대 없는 예배 • 211 | 나를 부끄럽게 하는 사람 • 214 | 이런 어머니 안 계십니까 • 216 | 따끔함과 따스함 • 218 | 시적이지 않은 혁명은 가라 • 220 | 행동이라는 이름의 묵상 • 222 | 대책 없는 예수의 윤리 • 226 | 배고픈 파시스트보다 배부른 돼지이기를 • 230 | 구하고 받은 줄로 믿었던 사람 • 233 | 진정한 명문가 • 236 | 무균질 가정에 때를 묻혀라 • 238 | 고통을 환기시키는 사람 • 241 | 죽더라도 바로잡을 수 있다면 • 243 | 사랑으로 통하다 • 248 | 신앙까지 때려잡은 반공 • 249 | 반토건 성경 • 251 | 골리앗을 넘어뜨린 투표지 • 254 | 선교가 선교를 막다 • 256 | 신앙의 반미주의자들 • 259 | 세상의 고통에 대한 예의 • 263 | 요한과 김어준 • 266

5 끝없이 패배하는 삶을 한없이 긍정하다

개길 수 없으면 은혜가 아니다 ● 270 | 무엇을 준대도 놓치고 싶지 않은 ● 274 | 아이는 윤리의 창시자 ● 276 | 누구도 침해할 수 없는 자유 ● 278 | 불순함의 옹호자 예수 ● 280 | 단 한 잔의 술 ● 282 | 죽임당한 미의 하나님 ● 284 | 뉴턴의 만유인력, 힐데가르트의 성인력 ● 287 | 변두리 성자의 태극권 ● 290 | 본회퍼의 방법적 회의 ● 293 | 백년해로의 급진성 ● 298 | 연약한 자 사이로 그분을 따라가다 ● 301 | 말랑한 감사가 철옹성을 무너뜨린다 ● 304 | 아버지 됨의 영광과 고통 ● 308 | 저녁을 놓치면 모든 것을 놓친 것 ● 312 | 악하디 선한 ● 316 | 예수에게 베팅하라 ● 320 | 제로섬과 윈윈 게임 ● 322 | 타락한 회심을 회심케 하라 ● 326 | 똥꽃보다 더 아름다운 꽃이 있으랴 ● 330 | 내가 원하고 선택한 삶 ● 334 | 부디 달라지지 마라 ● 337 | 스스로 제한하는 은혜 ● 340 | 거룩한 바보의 길 ● 343 | 감각의 제국 ● 347 | 승인된 욕망 ● 351 | 끝없이 패배하는 삶을 한없이 긍정하다 ● 354 | 읽지 않아도 괜찮아 ● 358

감사의 글 ● 360
인용 출처 ● 368

1

시든 꽃에
반하다

나를 즐기렴

당신 입에서 나온 단 두 마디가
내 삶을 바꾸었어요.

"나를 즐기렴."

당신이 짊어진 십자가,
내가 지려면 얼마나 힘들까 싶었는데.
사랑이 한번은 내게 말을 건넸어요.
"난 노래를 부른단다.
넌 그걸 듣고 싶니?"
그리고선 길가의 모든 벽돌에서
또 하늘의 모든 틈에서
웃음이 흘러나왔어요.

기도의 밤 후에
그분이 노래하실 때
그분은 내 삶을 바꾸셨어요.

"나를 즐기렴."

_다니엘 래딘스키 엮음, 《하나님이 보낸 사랑의 시》

아빌라의 성 테레사가 부른
이 아름다운 노래에 무슨 말을 더 보태랴.

그분이 주신 것을 즐기는 데 그치지 마라.
그분을 즐기라.

"여호와로 인하여 기뻐하는 것이 너희의 힘이니라"(느 8:10).

시든 꽃에 반하다

시들어가는 꽃을 보면,
놀라지 않게 조심스레 다가가,
입술에 닿은 깃털의 촉감 같은 목소리로
"아직 햇빛이 반할 만하오"라고 속삭여주어야지.

_황선하, 〈그린음악농법〉

피는 꽃엔 웃음 짓고 지는 꽃엔 찌푸리기 마련인데
여기, 시든 꽃을 향한 시인의 마음 씀씀이가 극진하다.

안타깝게도 한국의 많은 여인들은 날마다 이울어간다.
여성이 꽃이라고 믿는 이라면 속삭여주자.

입술에 닿은 깃털의 촉감 같은 목소리가 느끼하다면
평소보다 조금만 더 다정하게 속삭여보자.

아직은 반할 만하다고.
적어도 나에게만큼은.

노루귀

Terry 2009

하찮기에 더 소중한

피카소는 살면서 사소한 일상에 결코 시간을 낭비하지 않았다. 더 이상 지내기가 힘들어질 정도로 집 안에 물건이 가득 차면 그는 그냥 다른 집으로 이사를 갔다. "누구에게나 같은 양의 에너지가 잠재되어 있기 마련이지. 하지만 사람들은 보통 여러 가지 하찮은 일에 정력을 소비하고 말지"라고 피카소는 질로에게 말한 적이 있다. "하지만 나는 단 한 가지 일, 즉 그림에만 내 에너지를 소비할 뿐이야. 그림을 위해 다른 모든 것은 희생될 것이며, 거기에는 너를 비롯한 모든 사람들, 그리고 물론 나 자신까지 포함되겠지."

_모니카 체르닌·멜리사 뮐러, 《피카소의 이발사》

아인슈타인도 물리학 외에는 전혀 관심이 없었다고 전한다. 물건 값도 몰랐고, 옆에서 누가 도와주지 않으면 일상생활 자체가 불가능할 정도였다고 한다. 그렇게 오로지 연구에만 집중해서 세계적 천재로 명성을 떨칠 수 있었다 한다. 내 모든 시간과 열정을 오롯이 집필에만 쏟아부었다면 나도 조금은 더 성공한 작가가 되지 않았을까 싶기도 하다. 하지만 모사謀事는 재인在人이라도 성사成事는 재천在天이라는 잠언의 말마따나 사태는 내 바람과는 어긋나게 돌아갔다.

십수 년간 못난 나를 내조하며 네 아이를 낳은 안해(아내)가 불혹이 넘은 나이에 동네 병원에서 늦깎이 간호사의 삶을 시작했다. 이번에야말로 그녀를 외조하며 인생의 빚을 갚을 차례임을 직감한 나는 바깥일을 관두고 집에 들어앉아 반업주부로 지내고 있다. 괜찮은 남편인 척하기엔 더할 나위 없는 명분이 생겼지만 네 아이의 끊임없는 요구에 응하다보니 매일이 피카소가 말한 '하찮은 일'에 치이는 날이 되고, 그럴수록 피카소와 아인슈타인이 부러워진다.

그래도 나는 대업을 위해 하찮음을 다 솎아내기보다는 덜 성공해도 좋으니 일상의 때를 묻혀가며 사람 냄새 풍겨가며 그렇게 살고 그렇게 쓰련다. 훗날 일생일대의 역작을 쓰고자 과감한 가지치기를 하는 날이 온다 하더라도 하찮음의 수고와 기쁨을 다 버리지는 않으련다.

어쩌면 위인 전집에 이름을 등재한 이들은, 한 가지 목표를 위해 생생한 삶을 희생한 독종들일지도 모른다. 무엇보다 그럴 여건이 허락된 이들일 테고. 전업 작가가 되지 못한 이의 정신

승리법이라며 비웃을지도 모르나 나는 관심과 정력을 한데로 모으기보다 널리 흐트러뜨리는 삶이 더 아름답다고 믿는다. 자신의 꿈에만 전력투구할 수 없는 허다한 인생을 생각하면, 우리에겐 하나의 큰 열매를 맺기 위해 다른 가지를 다 쳐내기보다 자잘한 열매를 고루 맺음이 더 복됨을 보여주는 나무가 필요하다.

내게 온 이 하나만큼은

한 젊은이가 해변을 걷다가 물 밖으로 밀려나온 불가사리를 줍는 노인을 보았다. 가까이 가보니 노인은 불가사리들을 일일이 바다로 되돌리고 있었다. 젊은이는 노인에게 다가가 "왜 불가사리를 바다로 던지고 계세요?"라고 물었다. 노인은 "안 그러면 불가사리들이 죽어"라고 대답했다. 젊은이는 "하지만 이 세상에는 수천 개의 해안에 수많은 불가사리들이 있어요. 그것들을 할아버지가 다 살릴 순 없어요. 그래봤자 아무 도움이 안 된다구요!"라고 말했다. 노인은 허리를 숙여 한 마리의 불가사리를 집어 들며 담담하게 대답했다. "그래도 이 한 마리는 살릴 수 있잖아."

_에린 그루웰, 《프리덤 라이터스 다이어리》

우리 여섯 식구는 삼각산 자락에 자그마한 셋집을 얻어 산다. 북한산 둘레길이 바로 앞이고 가오천이라는 작은 시내가 있어서 아이들과 물고기도 잡고 물장난도 친다. 그런 우리 동네에 자리한 요양병원에 연못이 있는데 봄이면 올챙이로 시끌시끌하다. 비가 많이 온 다음 날 올챙이들이 물 없는 곳으로 떠내려가

자 나는 아이들과 구출 작전을 펼쳤다. 누군가 지나가면서 위 이야기에 나온 젊은이와 똑같은 말을 한다. "떠밀려 온 올챙이가 저렇게 많은데 어쩌려고요. 다음에 비가 오면 또 이럴 텐데요." 나 역시 똑같은 답을 했다. "이 올챙이는 다르죠. 저를 만났으니까…. 한 마리는 살릴 수 있잖아요."

텃밭 농사를 지을 때 씨를 뿌려 모종이 돋아나면 솎아내기를 해야 하는데 난 대체 그걸 못한다. 곧 죽을 것 같은 약해빠진 싹이 안쓰러워 내치지 못하고 텃밭 가장자리에라도 다 거둬 심고 만다. 다정도 병인 양하여 좋은 농사꾼이 되긴 틀렸다.

나도 내가 세상을 다 구할 수 없다는 것 정도는 안다. 그저 나와 해후하는 생명, 나와 인연이 닿는 영혼에게만큼은 내 할 바를 할 뿐이다. 그러다 보면 뭇 생명, 뭇 영혼에게 이르는 길이 열릴지도 모를 일이다.

거절만큼 절박한 요청이 있으랴

오랫동안 거절당하면 너의 집단적 무의식은 말한다. 활짝 열린 문과 두 팔 벌린 초청도 이젠 너무 늦었다고 말이다. 너는 'No' 라고 말함으로 자존감을 획득한다.

_네이딘 고디머, "단절"

노벨문학상을 받은 남아공 작가 네이딘 고디머의 이 글을 읽을 적마다 유난히 날선 가시를 벼리는 선인장이 떠오른다. 사람이 계속 거절과 무시를 당해 자존감이 낮아지면, 자기도 차갑게 "No!"라고 말함으로써 자신의 존엄성을 찾으려 한다. 그런 식으로 다른 이들을 아프게 할 수 있다는 것을 확인함으로써 열등감을 덜어내고 싶어 한다. 이 얼마나 안타까운 악순환인가. 사랑으로 그 사람의 곤두선 가시를 연한 순으로 바꾸어주고 싶지만, 상대의 가시에 나도 날선 선인장이 되기 일쑤다. 이 악순환을 끊는 것이 향나무의 상상력이다.

향나무처럼 사랑할 수 없었습니다.
제 몸을 찍어 넘기는 도끼날에

향을 흠뻑 묻혀주는 향나무처럼

그렇게 막무가내로 사랑할 수 없었습니다.

_최문자, 〈고백〉

"제 몸을 찍어 넘기는 도끼날에 / 향을 흠뻑 묻혀주는 향나무처럼"을 "제 몸을 찍어 못 박는 망치질에 / 생명을 흠뻑 묻혀주는 그분처럼"으로 읽는다면 예수쟁이 티를 내는 것일까?

가식적인, 아니 가시적인

만일 그대들이 일할 때에 싫어하거나 미워하는 마음으로 일할
수밖에 없다면 일하는 것을 그만두고 예배당 입구에 서서 기쁨
으로 일하는 사람들에게 구걸이나 하는 것이 차라리 나으리라.
만일 기계가 판을 찍어내듯이 아무런 애정도 없이 빵을 굽는다
면 그 빵은 배고픔을 채워줄 수 있을지는 모르나 마음의 허기를
채워주지는 못하리라. 만일 원한으로 가득 찬 마음에서 포도주
를 담근다면 그 포도주는 독을 뿜어 내게 되리라.

_칼릴 지브란,《예언자》

"건축이란 벽돌 두 장을 정성스럽게 잇는 것에서 시작된다." 독
일의 위대한 건축가 미스 반 데 로에Mies Van Der Rohe의 말이
다. 기계적으로 벽돌을 갖다 붙여도 되는데 군이 정성스럽게 잇
는다는 말을 사용한 것은 건축이 윤리이기도 함을 보여준다. 어
디 건축뿐이겠는가. 버스 기사는 정성스레 운전하지 않아도 된
다. 교통 법규만 지키면 된다. 학교 선생은 정성스레 가르치지
않아도 된다. 수업에 소홀하지만 않으면 된다. 제빵사는 정성스
럽게 빵을 굽지 않아도 된다. 재료만 속이지 않으면 된다.

존 스토트는 은퇴식에서 베푼 마지막 설교 후에, 선교의 마지막 세기라 불리는 21세기에 가장 중요한 것이 무엇이냐는 질문을 받자 잠시도 지체하지 않고 가시성visibility이라고 말했다. 칼릴 지브란은 근사하게 화답한다. "일은 보일 수 있게 만들어진 사랑Work is love made visible"이라고.

S M Lee 수크령

참 즐거움의 색은 초록

우주론cosmology을 잃으면 즐거움도 잃는다. 기쁨은 물건을 구입하고, 경쟁에서 성공하고, 남 애기나 수군거리고, 드라마 속의 인물처럼 살아가는 가짜 즐거움pseudo-pleasure으로 바뀐다.

_매튜 폭스, 《창조 영성》

우주 속에 살면서도 우주를 망각하고, 자연 덕에 살면서도 생명을 도구화하는 우리에게 내리는 저주가 바로 저런 것들이리라. 꽃 한 송이, 풀 한 포기에 사랑하고 희구하는 이들은 안다. 쇼핑이나 드라마 없이도 달뜬 가슴으로 살 수 있다는 걸. 레이철 카슨도 《자연, 그 경이로움에 대하여》에서 과학자건 평범한 사람이건 지구의 아름다움과 신비 속에 사는 사람은 결코 삶에 싫증을 내지 않는다고 했다.

부디 아래 시 두 편이 생태적 감수성을 되찾음에 자그마한 도움이 되길.

대지는
꽃을 통해

웃는다.

_레이철 카슨

나무에게 부탁했네,
하나님에 대해 얘기해달라고.
그러자 나무는 꽃을 피웠네.

_타고르

믿지 않되 존중하는

형식에 자기의 희망을 두는 것은 미신이다. 그러나 형식을 따르기를 거부하는 것은 오만이다.

_파스칼, 《팡세》

이 땅에 머무는 한, 형식과 내용의 관계란 영원히 만족스러울 수 없는 문제다. 그 점을 생각하면 파스칼의 이 말이 참 맘에 든다. 형식에 대해 이보다 더 슬기로운 통찰을 나는 아직 찾지 못했다.

내가 혼례든, 예배든, 행사든 허례허식을 못마땅하게 여기면서도 불만족스러운 형식을 그럭저럭 존중하며 따르는 것은 순전히 파스칼 때문이다. 형식을 믿지 말되 거만해지지도 말자.

공손히 '살 보시'를 받다

나를 고를 때면 내 눈을 바라봐줘요.

난 눈을 감는 법도 몰라요.

가난한 그대 날 골라줘서 고마워요.

수고했어요. 오늘 이 하루도.

_루시드 폴의 노래, 〈고등어〉

말도 안 된다. 푸른 바다를 자유로이 헤엄치다 등에 푸른 물이 시리도록 들고 싶지, 생선 가게에 누워 들러붙는 파리 떼에 시달리고픈 고등어가 어디 있겠나. 근데 말이다, 내가 집에 들일 들꽃을 찾으러 공터로 나가면 기꺼이 내 손에 꺾여 안해의 손에 들리기를 바라는 꽃이 있듯이, 어쩌면 자신을 골라줘서 고맙다며 제 살을 기꺼이 내어주려는 고등어가 있을지도 모른다.

인간이 동료 피조물의 생명을 취함으로 제 생명을 연장할 수밖에 없음을 안다면, 황송한 마음으로 뭇 생명의 '살 보시'를 받아야 할 것이다. 이렇게 생명은 제 몸을 산 제사로 드리고 있건만, 너희는 약해서 잡아먹힌다고 하면 그 숭고한 제사상을 발로 걷어차는 격이다.

영화 〈라스트 모히칸〉은 사슴 사냥 장면으로 시작하는데, 주인공 호크아이(다니엘 데이 루이스)가 총으로 사슴을 쓰러뜨리자 모히칸 추장인 아버지는 사슴을 보고 이렇게 말한다. "형제여, 너를 죽여서 미안하구나. 우리는 진실로 너의 용기와 날램, 그리고 힘에 경의를 표한다."

그렇다면 우리도 밥상에서 이렇게 해보자. "감자와 고구마여, 땅속에서 어둠을 견딘 너의 인내를 찬미한다. 오리 형제여, 너의 아름다운 자태와 명석함, 물과 땅을 넘나드는 솜씨에 경의를 표한다"고 말이다. 어색한가? 계몽주의 시대 이후로 생명에 대한 교감을 잃어버린 우리가 더 어색하다.

그분이 손수 짠 무늬

너의 계획을 뒤집고
너의 꿈을 깨뜨리고
너의 하루와 인생에
완전히 다른 전환을 가져다주는
'뜻밖의 일'을 받아들여라.

이는 우연이 아니다.
네 시절의 무늬를
하나님이 손수 짤 수 있도록
그분께 놓아드려라.

_돔 헬더 카마라, 출전 불명

미국 브루더호프 우드크레스트 공동체를 방문했을 때 내게 환
대를 베풀어줬던 스티브와 이다의 집에 걸려 있던 글. "내가 가
난한 이들에게 먹을 것을 주면 사람들은 나를 성인이라 부르고,
내가 가난한 이들에게 왜 먹을 것이 없냐고 물으면 사람들은 나
를 사회주의자라 부른다"라는 말로 유명한 해방신학자인 카마

라 주교와, 사회체제의 변혁보다는 대조대안 공동체counter-alter-native community의 건설을 지고의 가치로 삼는 아나뱁티스트(재침례교)인 브루더호프 가정의 별난 조우가 내 안에 짜릿한 상상력의 파장을 일으켰다.

하늘이 손수 생의 무늬를 짜주곤 했던 이들은 어김없이 그들이 달음박질하는 방향과는 정반대로 잡아당기는 힘을 받아들였다. 퀼트든 인생이든 결과 결이 어긋나게 마주쳐야 아름다운 무늬가 생기지 않겠는가.

S M Lee '09

양지꽃

노동과 미학이 얼싸안을 때

저녁 숲에 내리는 황금빛 노을이기보다는
구름 사이에 뜬 별이었음 좋겠어.
내가 사랑하는 당신은
버드나무 실가지 가볍게 딛으며 오르는 만월이기보다는
동짓달 스무 날 빈 논길을 쓰다듬는 달빛이었음 싶어.

춘분에 가꾼 국화의 우아함보다는
해가 뜨고 지는 일에 고개를 끄덕일 줄 아는 구절초이었음 해.
내 사랑하는 당신이 꽃이라면
꽃 피우는 일이 곧 살아가는 일인
콩꽃 팥꽃이었음 좋겠어.

이 세상의 어느 한 계절 화사히 피었다 시들면 자취 없는 사랑
말고
저무는 들녘일수록 더욱 은은히 아름다운
억새풀처럼 늙어갈 순 없을까
바람 많은 가을 강가에 서로 어깨를 기댄 채

우리 서로 물이 되어 흐른다면

바위를 깎거나 갯벌 허무는 밀물 썰물보다는

물오리 떼 쉬어가는 저녁 강물이었음 좋겠어.

이렇게 손을 잡고 한 세상을 흐르는 동안

갈대가 하늘로 크고 먼바다에 이르는 강물이었음 좋겠어.

_도종환 시인, 〈내가 사랑하는 당신은〉

나는 채소 꽃이나 과일 꽃에 각별한 애정이 있다. 이들에게서
먹고 살아가는 일이 곧 아름다움을 추구하는 일임을 발견하기
때문이다. 내가 일상과 동떨어진 순수 미술보다는 생활 속 아름
다움을 추구하는 공예품을 좋아하는 것도 같은 이치에서이다.

우리 생활에서 크게 그릇된 한 가지는, 살아가는 일과 아름다
움을 짓는 일을 구분하는 것이다. 일하는 것은 먹고살기 위해
어쩔 수 없이 해야 하는 것이고, 겨우 남는 시간에 삶의 여유와
멋과 아름다움을 추구하는, 상당히 피곤한 생활을 해나가고 있
다. 이는 계몽주의 시대 이후로 일과 여가, 생활과 예술, 노동과
낭만을 구분한 서구 이원론의 노폐물이다.

내 삶을 바꾼 구절

하지만 성서는 그렇게 말하지 않는다. 생활 전체가 주님께 드려지는 아름답고도 향기로운 축제라고 가르친다. 하나님과 사람 앞에 별로 내세울 것 없는 나이지만 그나마 한 가지 잘한 것이 있다면, 조금은 살아가는 일이 꽃피우는 일이 되도록 살아왔다는 것일 게다.

헌신보다 향유가 먼저다

> 기독교적인 삶은 하나님을, 우리 주위의 사람들(그들이 구원을
> 받았든 받지 않았든)을, 그리고 그들의 재능을 즐거워하는 바로
> 그것이다. 하나님께서 만드신 모든 것에 점점 더 깊이 감사하는
> 것, 우리 주위 세상을 이해하고 즐기기를 점점 더 바라는 것…
> 이 기독교적인 삶이다.
>
> _프랭키 쉐퍼, 《창조성의 회복》

이 지극히 빤한 말에 굳이 내가 밑줄을 긋는 것은 아직도 허다
한 그리스도인들이 예술과 문화를 논함에 있어 세상과 교회를
가르는 데에 몰두하기 때문이다. 한스 로크마커는 작지만 힘 있
는 소책자 《기독교와 현대 예술》에서 모든 훌륭한 예술 활동은
십자가에 빛을 지고 있다고 본다. 그리스도께서 이 세상의 저주
를 짊어지지 않았다면 훌륭한 예술이란 것이 존재할 수 없었을
거라 명토 박는다.

신을 인정하지 않는 대예술가는 자신의 예술적 성취에 대해
한 톨의 영광도 그분께 돌리지 않겠지만, 그 사람을 만들고 천
재성을 불어넣고 그것을 꽃피우도록 하신 분은 당신의 영광을

고스란히 거둬가신다. 그분으로 말할 것 같으면 보통 깍쟁이가 아니라 절대 손해 보는 일일랑 하지 않는다. 이 세상 어떤 영역도 그분의 영지가 아닌 곳이 없고, 특히 예술가의 활동은 하나님이 각별히 맘을 쓰는 직할 통치지다. 그러니 모든 재능을 즐거워하고 감사하라.

짜장 하나님이 주신 것을 한껏 누리는 것보다 그분을 더 영화롭게 하는 일도 없다. 그러니 그분이 허락하신 재능을 즐거워하는 자리에서 구원을 받았느니 말았느니 따지는 짓은 그만두자. 대신 《탈무드》의 경고를 기분 좋게 읊조려보자. "허락받은 모든 즐거움 가운데 자신이 즐기지 못한 즐거움에 대해서 그 이유를 (하나님에게) 설명해야 한다."

브레넌 매닝이 옳다. 한때는 그가 지나치다 생각했지만 경건 만능주의나 헌신 지상주의를 걸려 넘어지게 하는 그가 옳다.

친구야, 네가 천국에 가면 아바께서 너에게 기도를 몇 번이나 했고 영혼을 몇 명이나 구원했는지를 묻지 않으시고 이렇게 물으실 것이다. "파히타를 맛있게 먹었느냐?" 그분은 네가 열정을 품고 살기를 원하신다. 그분의 선물을 받아들이고 누리면서 순간의 아름다움 속에 살기를 원하신다.

_브레넌 매닝, 《아바를 사랑한 아이》

바위취

'나'가 아니라 '우리'로

어떤 수도사가 텔레비전 인터뷰에 나와 30초 내에 수도원 생활
을 설명해줄 수 있냐는 부탁을 받고는 이렇게 답변했다네요.

우리는 넘어졌다가 일어섭니다.
우리는 넘어졌다가 일어섭니다.
우리는 넘어졌다가 일어섭니다.
우리는 넘어졌다가 일어섭니다….

_브래들리 홀트, 《신을 향한 갈증》

'내'가 아니라 '우리'로 넘어지고 '우리'로 일어선다.
그래서 계속 일어설 수 있나보다.

하나님의 동문서답

폭풍이 몰아치는 가운데서 말씀하시는 하나님은 계속 이어지는 질문으로 욥의 탄식과 불평에 답하신다. 그러나 하나님의 응답은 기이하고 당혹스러우며 모호하고 핵심을 벗어난 것처럼 보인다. 하나님의 첫 번째 응답은 온통 우주론과 날씨 이야기와 수문학과 축산학과 조류학에 관한 내용으로 가득하다.

_스티븐 보우머 프레디거, 《주님 주신 아름다운 세상》

욥기를 읽다보면 황당한 적이 한두 번이 아니다. 욥은 자신에게 왜 이렇게 끔찍한 비극을 허락했냐며 따지고 드는데 하나님은 동문서답의 진수를 보인다. 그토록 소중한 일곱 자녀와 평생을 들여 성취한 모든 걸 한순간에 잃은 사람에게 그 짓궂은 양반은 땅속 깊은 곳을 거닐어보고 광대한 세상을 달려보았는지, 오리온성좌와 큰곰자리에게 하늘길을 정해준 적이 있는지, 타조가 땅에다 알을 낳고 자기 알을 거칠게 다루도록 만든 게 누구인지 묻는다. 이런 질문이 가당키나 한가? 그게 대체 욥의 고통, 나아가 우리네 고통과 무슨 상관이란 말인가!

하나님은 바보가 아니란 점에서 시작해보면, 우리가 그렇게

내 삶을 바꾼 한 구절

느끼는 것은 인간이 도덕의 중심이라는 인간중심주의anthro-pocentrism에 빠져 있기 때문인지도 모른다. 하나님은 인간이 우주의 한 조각일 뿐임을 깨닫게 하는 질문을 퍼부음으로써 욥이 인간중심주의를 지나 생명중심주의로 나가도록 하신다. 거기에 위로가 있다! 욥이 자신의 고통을 말할 때 하나님이 창조의 장엄함으로 답하는 것은 책임 회피가 아니다. 고통을 전체 생명의 관점에서 보게 하는 것이다.

프레디거의 책에 인용된 에라짐 코악Erazim Kohak의 말대로 "자신이 만든 인공물의 화려한 껍데기에 둘러싸인 인간만이 고통을 견뎌낼 줄 모른다. 인간은 슬픔이 잦아들고 방출되고 완화될 때에만 고통을 견딜 수 있다. 똑같은 짐을 지고 있는 동료 인간들과 그들의 수고로는 고통을 해결할 수 없다. (…) 그분께로 슬픔을 가져다 맡기는 일, 이러한 일들이 숲에서 이루어진다. 인간이 더 이상 자신을 자기가 헤아리는 모든 것의 주인이라고 생각하지 않을 때, 또 하나님께서 지으신 방대한 피조물 가운데서 자기의 자리가 보잘것없음을 깨달을 때, 그때 비로소 피조물인간과 하나님은 고통을 나눌 수 있게 된다. (…) 이것은 욥기가 가르쳐온 오래된 지혜다. (…) 고통은 피하거나 없앨 수 있는 것이 아니라, 그것을 흡수할 수 있는 전체의 살아 있는 피조물이 있으므로 그들과 함께 나누게 되는 것이다."

아픔 속에 있는 사람들이 산이나 바다로 훌쩍 떠나는 것이나, 주위 사람들이 "바람 한번 쐬고 와" 하는 데에는 다 이유가 있다. 그저 대자연 속에서 가슴을 탁 트이게 하라는 것이 아니라, 자신이 우주의 일부임을 깨닫는 속에 위로를 얻을 거라는 지혜가 내재되어 있는 것이다.

구제는 없다

네 가진 것을 떼서 가난한 이들에게 주는 것이 아니다. 원래 그
들의 것을 돌려주는 것이다. 형제자매들과 너의 소유를 나누고,
어떤 것도 네 것이라고 주장하지 말라. 영원한 것을 그들과 함
께 나눈다면, 이 땅의 것에 대해서는 더욱 그러해야 하지 않겠
는가.

_《디다케》

초대교회 신도들의 윤리생활 및 전례의 제반 규정에 관한 중요
한 문헌인《디다케》의 한 대목에 의하면, 있는 자가 없는 자에게
무엇을 나누는 것은 자기 것으로 선심을 쓰는 것이 아니라 본디
그들의 것을 돌려주는 것이다. 부의 분배가 철저하게 불의하기
때문에 원하든 원치 않든 나보다 약한 이들의 몫을 뺏으며 사는
죄를 범할 수밖에 없는 사회에서, 이 놀라운 가르침은 더욱 크
게 울려 퍼져야 한다.

히포의 아우구스티누스의 회심에 큰 영향을 끼친 성 암브로
시우스St. Ambrosius도 우리가 궁핍한 이들의 필요를 채워준다면
이는 그들의 것을 돌려주는 것이지 우리 것을 너그럽게 베풀어

주는 것이 아니라고 했다. 그는 구제를 일컬어 민휼憫恤의 사역
이 아니라 정의의 빚을 갚는 것이라고 단언했다.

구제는 없다. 모든 나눔은 우리가 진 빚을 장기 상환하는 것
일 따름이다.

아무것도 하지 않는 것이 가장 어렵다

가장 어려운 일은 남의 고통을 '고치겠다고' 덤벼들지 않는 일, 그냥 그 사람의 신비와 고통의 가장자리에서 공손하게 가만히 서 있는 일이다. 그렇게 서 있다보면 자신이 쓸모없고 무력하다는 느낌이 든다. 바로 우울증에 빠진 사람이 이런 느낌을 갖고 있는 것이다.

그러나 우리는 욥의 위안자들처럼 무의식적으로 앞에 있는 저 불쌍한 사람과 자신은 다르다는 걸 재차 확인하려고 든다. 그런 느낌에 빠져들지 않으려는 노력의 일환으로 우리는 이렇게 말한다.

'당신을(그러나 사실은 나를) 자유롭게 해줄 충고를 하나 하겠다. 당신이 내 충고를 받아들인다면 당신은 좋아질 것이다. 당신의 상태가 좋아지지 않는다 해도 나는 최선을 다했다. 당신이 내 충고를 받아들이지 않는다면 더 이상 내가 해줄 수 있는 게 없다.'

어느 쪽이든 우울증 걸린 상대에게서 멀어짐으로써 자신은 위안을 얻고, 죄의식도 느끼지 않는다.

_파커 J. 파머, 《삶이 내게 말을 걸어올 때》

파커 파머는 뚜렷한 이유도 없이 40대에 접어들어 갑작스레 우울증에 걸렸다. 이 사실만으로도 같은 시기에 같은 질병을 앓는 내게 한없는 위안이 됐다. 그는 우울증이 심했을 적엔 햇볕을 쬐라는 조언도, 그동안의 성취에 대한 칭찬도, 어떤 마음인지 안다는 공감의 말도 아무런 도움이 되지 않았다고 한다. 자신의 문제를 찾아내려는 감동적인 시도조차 지나치게 자신을 까발리는 결과가 되어 더 깊은 고립감에 빠지게 했다고 한다. 어쩜 이리 나와 똑같은지!

남의 고통을 고쳐보겠다고 나서는 것은 용단을 필요로 하는 어려운 일이다. 하지만 역설적이게도 남의 고통을 해결하겠다며 나서지 않는 것은 훨씬 더 어렵다. 아무것도 시도하지 않는 것만큼 쉬운 일도 없지만 실은 고통받는 사람 곁을 지키며 가만히 있는 것만큼 힘든 것도 없다. 왜냐하면 자신의 무력감을 고스란히 받아들여야 하기 때문이다. 무기력한 친구의 상태와 같아지는 것은 인간이 실천할 수 있는 가장 아름다운 성육신이다.

바로 이런 맥락에서 장 바니에도 《희망의 사람들 라르슈》에서 이렇게 말한다. "흔히 우리는 내가 누군가에게 좋은 일을 할 수 있다고 느낄 때만, 그래서 내가 선량한 사람이 된 듯한 느낌을

내 삶을 바꾼 한 구절

051

S M Lee
2008. April

제비꽃

받을 때만 상대방에게 관심을 가질 때가 아주 많습니다. 그때 우리는 상대방을 통해 나 자신을 사랑하는 것입니다." 바니에는 계속해서 말한다. "고통스러워하거나 불안에 빠진 사람 앞에 있을 때, 나는 나 자신의 불안을 진정시키려고 무슨 일이든지 그를 위해 할 수 있는 일거리를 찾습니다. 고통받는 이와 함께 거하려면, 그리고 십자가 아래 서 있던 마리아처럼 희망 가득한 마음으로 아무 일도 할 수 없는 상태를 받아들이려면, 성령으로 충만해져야 합니다."

어쩌면 제자들이 십자가 곁을 지키지 못하고 달아난 것은 자기들도 잡혀 죽을 거라는 두려움도 두려움이지만 죽어가는 주를 위해 아무것도 할 수 없는 무기력함을 회피하려는 것이었을지도 모른다. 욥의 친구들처럼 해결책을 제시하지도 않고 제자들처럼 상황을 회피하지도 않고 그저 묵묵히 곁을 지키는 영성이 고통받는 이를 구원하리라.

늘 있는 것들을 위한 노래

나는 승리 때문에

노래 부르지 않는다.

내게는 승리가 없으므로.

단지 누구나 즐길 수 있는 햇빛.

산들바람.

봄철의 온화함만 있으므로.

나는 승리를 위해서 노래하지 않는다.

다만 나의 능력만큼 열심히 일해서

끝낸 오늘 하루의 일을 위해.

높은 곳의 권좌를 위해서가 아니라

누구나 앉을 수 있는 식탁의 자리를 위해서.

_찰스 레즈니코프, 〈하나님 찬가〉

제발 부탁이다.

이 땅을 승자만 노래하는 땅으로 만들지 마라.

위대한 승리는 고사하고

고작 살아남는 게 목표인 사람들이 노래하는 땅이 되게 하라.

친구여,
우리에겐 승리라 이름 붙일 게 없다만

모두를 비추는 햇볕과
누구나 마시는 공기와
날마다 마주하는 소박한 밥상을 노래하자.

우리가 이 하잘것없는 노래를 그치지만 않는다면
강자가 아닌 온유한 자가 이 땅을 차지하게 되리라.

온 세상 vs. 단 한 명

난 결코 대중을 구하려고 하지 않는다.

난 다만 한 개인을 바라볼 뿐이다.

난 한 번에 단지 한 사람만을 사랑할 수 있다.

한 번에 단지 한 사람만을 껴안을 수 있다.

단지 한 사람, 한 사람, 한 사람씩만….

따라서 당신도 시작하고 나도 시작하는 것이다.

난 한 사람을 붙잡는다.

만일 내가 그 사람을 붙잡지 못했다면

난 4만 2천 명을 붙잡지 못했을 것이다.

모든 노력은 단지 바다에 붓는 한 방울 물과 같다.

만일 내가 그 한 방울의 물을 붓지 않았다면

바다는 그 한 방울만큼 줄어들 것이다.

당신에게도 마찬가지다.

당신 가족에게도,

당신이 다니는 교회에서도 마찬가지다.

단지 시작하는 것이다.

한 번에 한 사람씩.

_마더 테레사, 조정래의 《인간 연습》에 인용된 〈한 번에 한 사람〉

이 시를 읽어 내려가자면, 전 인류의 구원을 위해 살고 죽었으되 매 순간 한 번에 한 사람에게 최선을 다했던 예수가 보인다. 십자가에서 말로 표현할 수 없는 고통과 수치 속에 죽어가면서도 숨을 거두기 직전의 경각에 아들 잃은 마리아를 요한에게 부탁하는 예수가 보인다. 회당장 야이로의 딸이 죽어가는 숨 가쁜 상황 속으로 갑자기 치고 들어온 한 여인, 하혈 때문에 평생 부정하게 여겨진 한 여인에게 최선을 다했던 예수가 보인다.

언제부턴가 "지구적으로 생각하고, 지역적으로 행동하라think globally, act locally"란 말이 회자되곤 했다(웬델 베리는 지구적으로 사고하면 절대 지역적으로 실천할 수 없다면서 "지역적으로 생각하고, 지역적으로 행동하라"고 주문했다). 마찬가지로 예수는 "우주적으로 못 박히고 개인적으로 구속했다crucified universally, redeemed personally."

바람의 애무

대지는 그대의 맨발을 느끼기를 좋아하고,
바람은 그대의 머리칼을 만지며 놀고 싶어 함을 잊지 마세요.

_칼릴 지브란, 《예언자》

내 발바닥만 대지의 민낯과 키스하고픈 게 아니다. 내 머리칼만 바람의 손가락을 기다리는 게 아니다. 우리는 종종 흙과 바람이 내게 먼저 스킨십을 걸어오고파 하는 것을 잊곤 한다.

바람이 소심하게 내 머리칼을 건드리면, 기다렸다는 듯이 "안녕" 하고 다정한 인사를 건네보라. 뛸 듯이 기뻐하며 내 머리칼을 애무할 것이다. 어릴 적 엄마가 나를 무릎에 누이고 보드라운 손매로 머릿결을 쓰다듬으면, 스르르 온몸의 긴장이 풀리면서 느끼던 그 평화로움을 다시 맛보게 된다.

어쩌면 폴 발레리Paul Valery는 바람의 애무를 받고 이렇게 내뱉었는지도 모른다. "바람이 분다. 살아야겠다."

고통을 시로 바꾸는 연금술사

시인이란 무엇인가? 마음속에 가득 찬 고뇌가 그의 입술을 통해 한탄과 비명이 되어 나올 때면 그것이 아름다운 음악소리가 되는 불행한 사람이다. 그들의 신음소리는 폭군의 귀에는 공포를 일으키는 비명소리가 아닌 감미로운 음악으로 들렸던 것이다. 그래서 사람들은 시인의 주변에 몰려와 "우리들을 위해 다시 한 번 노래를 하라"고 아우성을 친다. 이 말은 곧 "새로운 고뇌가 그대의 영혼을 괴롭히게 하되 그대의 입술은 전과 같이 움직이게 하라. 비명은 우리를 괴롭힐 뿐이지만 음악은 우리를 즐거움에 떨게 한다"라는 말과 같은 뜻이다. 하지만 나는 시인이 되어 사람들의 오해를 받느니, 차라리 아마게부르의 돼지치기가 되어 돼지들의 이해를 받는 것이 훨씬 나을 것이라고 말할 수밖에 없다.

_키르케고르, 《이것이냐 저것이냐》

내게 글쓰기에 관한 가장 인상적인 비유는 키르케고르가 시인을 시칠리아의 소에 비유한 것이다. 김현과 진중권의 책 제목이기도 한 《시칠리아의 암소》는 아테네의 조각가 페릴레스가 고대

시칠리아의 참주였던 팔라리스에게 바친 고문 기구였다. 팔라리스는 청동 암소의 콧구멍에 피리를 붙이고 소 안에 죄수를 넣은 다음 밖에서 불로 태웠는데 타죽는 이가 지르는 비명이 피리를 통해 음악이 되어 흘러나오는 것을 들으며 기뻐했다고 한다. 공교롭게도 시칠리아의 암소가 노래를 부르게 한 첫 희생자는 제작자인 페릴레스였다. 수많은 이를 기요틴으로 보낸 로베스피에르도 결국 기요틴에서 마감했지만 적어도 처음은 아니었다. 단테는《신곡》지옥편 27곡에서 페릴레스의 비극을 이렇게 말한다. "시칠리아의 암소가 제 몸을 만들어준 자의 통곡과 함께 첫 울음을 울었나니!"

문학소년 시절, 시칠리아의 암소는 글쟁이란 자신의 고통을 재료로 하여 문장의 밥상을 차려내는 운명임을 일러주었다. 당시엔 멋있고 낭만적으로 느껴졌지만 불혹의 나이가 훌쩍 넘은 지금, 적어 내려간 문장을 보자니 어디 하나 아프지 않은 데가 없다.

나의 살던 고향은

랍비 부남은 그의 제자들에게 이렇게 말하였다. 너희들은 누구든지 두 가방을 가져야 한다. 상황에 따라서 둘 중의 하나를 잡을 수 있도록 말이다. 오른쪽 가방에 있는 다음의 말이 중요하다. "나 때문에 세상이 창조되었다." 왼쪽 가방에 있는 다음의 말도 중요하다. "나는 흙이며 재이다."

_도로테 죌레, 《신비와 저항》

이 구절을 온몸으로 사모한다.

사는 날이 더해질수록

우리가 얼마나 대단한 존재인지 앎이 어찌나 긴요한지,
우리가 얼마나 하찮은 존재인지 앎이 어찌나 필요한지.

인간사의 제諸문제는 이 둘 사이의 모순을 껴안는 대신
한쪽을 취하고 다른 한쪽을 버리기 때문에 생긴다.

내 삶을 바꾼 한 구절

내가 입버릇처럼 말하건대

영성은 두 극단 사이의 봉우리를 오르거나
두 극단 사이의 골짜기를 흐르는 것이다.

이를 게오르크 지멜Georg Simmel보다 더 아름답게 표현한 이는
없으리라.

> 인간의 가능성은 무한하다. 이와 모순되게 보이나 인간의 불가
> 능성도 무한하다. 이 양자 사이에 그의 고향이 있다.

Song . Sung Joo

층층둥글레

가혹해서 아름다운 행복론

환상이나 궤변으로 도피함 없이, 내일이면 훨씬 나아지리라는
희망 없이, 어떤 희생을 감수하고라도 기대하지 않은 뜻밖의 완
벽한 행복을 만들어내려는 추구 없이 행복해야 한다. 이 순간을
절정으로 살아라. 내일 불행이 찾아올 것이다. 내일을 염려하지
마라.

_자크 엘륄, 《존재의 이유》

자크 엘륄의 수많은 저서보다 이 한마디가 내게는 더 귀하다. 오
늘날 한국인에게 이보다 선득선득하게 짚이는 잠언은 없으리라.
  환상으로 피하고만 싶고 대안 없는 낙관이라도 가져야 버틸 수
있는 이 땅의 고단한 현실과, 그 속에서 어떤 대가를 치러서라도
완벽해 보이는 행복을 자아내고픈 유혹을 받는 우리네 마음.
  행복을 찾아 오늘을 도피하지도, 내일을 낙관하지도 말란다.
행복을 좇아 희생하지도, 완벽을 바라지도 말란다. 다만 주어진
이 순간을 절정으로 살란다. 비록 내일 불행이 찾아온다 해도
말이다. 그게 행복이란다.

사랑하면 죽는다

내가 여러 번 말했듯이 복음은 두 개의 상반된 진리를 역설하는
데, 이는 인간 조건의 비극을 드러낸다. 그 하나는 만약 당신이
사랑하지 않는다면 죽을 것이라는 것이고, 다른 하나는 당신이
정녕 사랑한다면 죽임을 당할 것이라는 것이다. 당신이 사랑할
수 없다면, 자기 폐쇄적이고 열매를 맺지 못하며 당신 자신이나
다른 이들을 위한 미래를 창조할 수 없고, 결국 살아갈 수 없다.
하지만 당신이 정녕 실제적으로 사랑한다면, 우리 사회가 의지
하는 지배 체제에 위협이 될 것이고, 살해당할 것이다. 예수의
삶과 죽음이 이를 극적으로 보여준다.

_허버트 맥케이브, 《신은 중요하다》

"사랑하지 않으면 나는 무엇이란 말인가"라는 폴 발레리의 말마
따나 사랑하지 않는 삶은 삶이 아니다. 날마다 죽음을 되풀이하
는 좀비의 삶일 따름이다. 이를 깨닫고 사랑을 택하면 죽임을
당할 수밖에 없는 게 우리네 삶의 근본 모순이다. 연정이든, 우
정이든, 모정이든 참된 사랑은 세상을 거스르고, 체제에 위협이
될 수밖에 없다. 이래도 죽고 저래도 죽는 딜레마를 깨닫고, '사

랑 없는 죽음' 대신 '사랑 인한 죽음'을 택하는 것을 나는 회심이 라 부른다.

예수가 "내가 너희를 사랑한 것처럼 너희도 서로 사랑하라" (요 13:34)고 할 때 그분은 우리를 낭만적인 사랑으로 초대한 것 이 아니다. 자신이 그랬듯 체제에 위협이 되고, 마침내 죽임을 당하는 사랑으로 부르신 것이다. 문제는 우리가 '사랑 없는 죽 음'도 피하고 '사랑 인한 죽음'도 면하려는 데 있다. 이쪽으로든 저쪽으로든 죽지 않을 만큼만 사랑하는 것, 이것이야말로 기독 교가 처한 문제의 본질인지도 모른다.

2

시시한 삶을
고르다

나태함의 두 얼굴

나태는 온갖 사랑의 시초이다.

_크리스타 볼프

독일의 작가 크리스타 볼프Christa Wolf의 말이다. 나태함은 일곱
가지 대죄의 하나이지만 사랑을 비롯한 모든 선한 것의 근원이
기도 하다. 카프카도 이렇게 말했다. "나태는 모든 악덕의 시초
이며 모든 덕의 압권"이라고.

역설적이지만, 나태해질 권리를 보장해주지 않는 사회는 악
하다. 나는 성실함과 나태함 중 선택의 여지를 주지 않고 열심
히 살라고만 강요하는 사회가 가장 악한 사회라고 믿는다. 같은
맥락에서 불순종할 자유를 주지 않고 복종만 요구하는 부모가
가장 악한 부모다. 영적 기복을 불허하고 헌신만을 외치는 목회
자가 가장 악한 목회자다.

헐떡이며 이익을 추구하는 시간이 가장 무익할 수 있고, 아무
것도 하지 않는 비효율적 시간이 실은 가장 유익할 수도 있다. 빠
름의 추구는 항시 폭력과 전쟁으로 귀결되며, 느림과 나태야말로
역사의 진정한 동력임을 우리는 어느 때에 가서야 믿게 될까.

둠벙을 만드는 그리스도인

다친 달팽이를 보게 되거든
도우려들지 마라.
그 스스로 궁지에서 벗어날 것이다.
당신의 도움은 그를 화나게 만들거나
상심하게 만들 것이다.

하늘의 여러 시렁 가운데서
제자리를 떠난 별을 보게 되거든
별에게 충고하고 싶더라도
그만한 이유가 있을 것이라고 생각하라.

더 빨리 흐르라고
강물의 등을 떠밀지 마라.
강물은 나름대로 최선을 다하고 있는 것이다.

_장 루슬로, 〈세월의 강물〉

캐나다에서 살던 30대 시절, 장 루슬로의 이 시를 접했다. 시를 읽어가며 가장 먼저 떠오른 건 늘 떠밀림을 당하는 한국 사람들이었다. 캐나다에서 10년 가까이 살아봐서 하는 말인데, 미국인들이 느려 터졌다고 놀리는 캐나다 사람들의 가장 흔한 작별 인사가 "Take it easy(쉬엄쉬엄 해)" 또는 "Don't work too hard(너무 많이 일하지 마)"이다. 그런데 한국인을 보라. 이들처럼 힘겹게 사는 이들이 없는데 어떻게 '더 빨리, 더 많이'를 주문할 수 있나. 그건 분명 폭력이다. 대체 얼마나 더 쥐어짜낼 수 있다고 생각하나. 한 동네에서 고생고생하며 사는 이웃들을 생각하면 맘이 시큰해서 눈물이 다 난다.

그리스도인이란 강물의 등을 떠밀어 온통 급류로 만드는 세상에서 느긋하게 맴돌 수 있는 둠벙을 만드는 사람, 홀로 질주하려는 여울을 더불어 유유히 흐르는 대하로 이끄는 사람이어야 한다. 소로Thoreau의 표현을 빌리자면 모든 사람이 같은 고수의 북소리에 맞춰 행진하지 않아도 좋은 사회, 남들은 바삐 여름을 향해 달려가더라도 홀로 늦봄에 머무를 수 있어도 좋은 세상을 만들어가는 사람이어야 한다.

왜 우리는 성공하려고 그처럼 필사적으로 서두르며, 그처럼 무모하게 일을 추진하는 것일까? 어떤 사람이 자기의 또래들과 보조를 맞추지 않는다면, 그것은 아마 그가 그들과는 다른 고수鼓手의 북소리를 듣고 있기 때문일 것이다. 그 사람으로 하여금 자신이 듣는 음악에 맞추어 걸어가도록 내버려두라. 그 북소리의 박자가 어떻든, 또 그 소리가 얼마나 먼 곳에서 들리든 말이다. 그가 꼭 사과나무나 떡갈나무와 같은 속도로 성숙해야 한다는 법칙은 없다. 그가 남과 보조를 맞추기 위해 자신의 봄을 여름으로 바꾸어야 한다는 말인가?

_헨리 데이비드 소로, 《월든》

게으름은 천부인권이다

> 모든 일을 게을리하세. 사랑하고 한잔하는 일만 빼고. 그리고
> 정말 게을리해야 하는 일만 빼고. – 레싱
>
> _폴 라파르그, 《게으를 수 있는 권리》

"자본주의가 지배하고 있는 나라의 노동계급은 기이한 환몽에
사로잡혀 있다. 일에 대한 사랑, 일에 대한 격정적인 사랑에 말
이다"라고 시작되는 이 책은 더 열심히 살아야 한다는 강박에서
벗어나지 못한 내게 발상의 전환을 가져다주었다. 하지만 내겐
책의 모든 문장보다 레싱의 저 한마디가 더 강력했다.

프랑스에서는 이 책이 나온 지 100년이 지나 베스트셀러에
오르며 화제가 됐는데, 이는 사회복지가 잘 갖춰진 나라에서조
차 자본주의의 횡포가 극에 달했음을 보여준다. 물론 폴 라파르
그가 마르크스의 사위라는 점도 한몫했겠지만 말이다.

새물결에서 먼저 책이 나오고, 나중에 필맥에서 《게으를 권
리》란 제목으로 새로이 나왔는데 거기선 레싱의 말을 "모든 일
에 게을러지자. 사랑하고 술을 마시고 게으름부리는 것만 빼고"
로 옮겼다. 내겐 이전 번역이 착 감긴다.

Nahyjeong 2008. 7

엘러지

제 숨을 쉬며 걷는 길

희망이라는 것에 생각이 미치자 갑자기 무서워졌다. 룬투가 향로와 촛대를 달라고 했을 때, 나는 마음속으로 몰래 그를 비웃었다. 그가 줄곧 우상을 숭배하면서 한시도 잊지 못하는구나 하고 생각했다. 하지만 지금 내가 생각하는 희망 역시 나 스스로 만들어낸 우상이 아닌가? 단지 그의 소망이 현실에 아주 가까운 것이라면, 나의 소망은 막연하고 아득하다는 것이 다를 뿐이었다. (…)

나는 생각했다. 희망이란 본래 있다고도 할 수 없고 없다고도 할 수 없는 것이라고. 그것은 마치 땅 위의 길과 같다. 사실 땅에는 원래 길이 없었다. 걷는 사람이 많아지면서 곧 길이 된 것이다.

_루쉰 〈고향〉

예수께서 넓은 길 대신 좁은 길로 가라고 그리 신신당부를 했음에도 대로 행을 청하는 군자들이 많다. 이해는 간다. 산에서 길을 잃어본 사람은 알겠지만, 끊어졌다 이어지고 이어지다 끊어지는 좁고 희미한 길을 헤매는 걸음이 얼마나 불안하고, 얼마나 진을 빼는지 모른다. 별다른 희망이 보이지 않더라도 많은 이들이 오가는 너른 길에 편승하는 건 넉넉한 정서적 안정감을 선사한다. 빤한 길을 답습하는 불만족은 좁은 길을 감행하는 불안정보다 크지 않다.

근데 그거 아는가? 넓은 길이 되레 좁고, 좁은 길이 되레 넓다는 걸. 넓은 길이란 알고 보면 사람을 한 줄로 세워서 서열화하는 길이다. 행여나 일탈을 도모하기라도 하면 득달같이 달려들어 잉여와 루저 취급을 하는 길이다. 몸을 자유롭게 흔들 수도 없고 고개를 빼꼼 내밀기만 해도 죽비가 등에 날아와 꽂히는 길이다.

반면 좁다고 알려진 길은 걷는 이가 적을뿐더러 드문드문 끊어진 불안한 길이지만 그 길의 순례자들은 모두 제 숨을 쉬며 제 보폭에 따라 자유로이 춤추며 간다. 그래서일까, 그 길을 가본 이들은 이구동성으로 말한다. 좁은 길은 사실 막춤을 출 정도로 넓다고. 누구라도 품을 수 있는 광활한 길이라고….

불안정보다 불만족을 배겨낼 수 없는 벗님들이 더 많이 생겨나길, 그래서 우리 함께 걷는 길에 새 길이 돋아나길.

오죽하면 하나님이 한숨을 돌리셨을까

> 야훼가 엿새 동안에 하늘과 땅을 만들고 이렛날은 쉬며 숨을 돌
> 렸으니.
>
> _출애굽기 31장 17절, 공동번역과 새번역을 참조하여 저자 옮김

피에르 상소의 책《느리게 산다는 것의 의미》는 "인간의 모든 불
행은 단 한 가지, 고요한 방에 들어앉아 휴식할 줄 모른다는 데
서 비롯된다"라는 파스칼의 말로 시작한다. 이 구절을 접할 적
마다 한국보다 더 불행한 나라가 있나 싶어 탄식한다. "만물이
다 지쳐 있음을 사람이 말로 다 나타낼 수 없다"(전 1:8, 새번역)
는 탄식만큼 이 땅의 현실을 잘 요약해주는 말씀이 또 있을까.
쉬려야 쉴 수 없는 야만적인 한국 사회를 바라보며 "안식일을
거룩히 지키라"는 계명 앞에 눈물이 났고, 한 대선 후보의 구호
였던 '저녁이 있는 삶'이 가슴을 쳤다.
　이런 사회에서 우리가 어떤 사람이 되어가고 있는지 보라. 헤
셸에 의하면 우리의 사람됨은 우리가 안식일을 어떻게 대하는
지에 달려 있다.

안식을 창조하는 것은 갈망에서 시작된다. 인상적이게도, 아버지는 우리의 기대를 전환시키신다. 말하자면 우리가 안식을 갈망하는 것이 아니라 안식의 영이 우리를 갈망한다는 것이다. 우리는 안식의 배우자다. 우리는 매주 안식일을 성화함으로써 안식과 결혼한다. 그 결혼이 우리를 만든다. "우리가 어떤 사람이 될 것인지는 안식일이 우리에게 어떤 날이 되느냐에 달려 있다."

_아브라함 헤셸, 《안식》

안식일만이라도 경쟁을 위한 질주를 멈추고 혼인 잔치를 즐겨야 할 텐데, 안식일에 되레 가속하는 우리는 정글의 사나운 짐승이 되거나 감정도 없는 '생존봇'이 되어간다.

오늘 한국 교회가 복기해야 할 가장 절박한 메시지는 "하나님도 한숨을 돌리셨다"는 말씀이어야 한다. 오죽하면 하나님이 다 쉬셨을까. 이 시대 그리스도인의 사명은 1퍼센트를 위한 사회를 말끔히 포맷하고 복지국가라는 운영체계를 새로이 까는 데에 있다고 믿는다. 생태적 복지사회로의 걸음을 재촉하여 백성과 뭇 생명의 걸음을 조금이나마 느긋하게 해주어야 한다.

안식을 향한 열망

> 그리하여 주님께서 예레미야를 시켜서 "땅이 칠십 년 동안 황
> 폐하게 되어, 그동안 누리지 못한 안식을 다 누리게 될 것이다"
> 하신 말씀이 이루어졌다.
>
> _역대하 36장 21절, 새번역

이 말씀을 접할 적마다 나는 막스 피카르트가 《침묵의 세계》에
서 "살아 있는 침묵을 가지지 못한 도시는 몰락을 통해 침묵을
찾는다"라고 한 묵시록적 구절을 떠올린다. 그리고 이내 낮엔
토목 건설의 소음이 그치지 않고, 밤엔 폭음과 성매매의 소음이
떠나지 않는 한국이 떠올라 섬뜩한 느낌이 든다. 이대로 쉼과
침묵을 묵살하는 한 머잖은 몰락이 우리를 기다린다고 말한다
면 너무 비관적인 종말론일까? 미친 듯이 뛰며 성공을 구가하
던 이들이 급작스럽게 몰락하는 것은 그렇게 해서라도 침묵을
선사하려는 창조주의 배려이다. 마찬가지로 탐욕의 기름을 태
워 번영을 구가하던 도시의 몰락 역시 창조주의 자비로 볼 수
있다.

생태신학의 강력한 근거가 되는 역대하 36장 21절은, 이스라

엘의 멸망과 70년간의 바벨론 포로생활이 실은 창조주가 생태 정의를 실천한 결과임을 보여준다. 탐욕에 사로잡힌 이스라엘은 안식년과 희년을 지키지 않은 채 땅을 학대하고 착취했고 이에 쉼을 얻지 못한 땅이 울부짖었다. 그 부르짖음이 하늘에 상달하자 밀린 휴가를 보내주라며 심판이 임한 것이다.

이전에는 입장이 바뀌었었다. 노예 이스라엘이 제국 이집트의 학대 아래 안식을 얻지 못하고 울부짖자 그 부르짖음이 하늘에 상달했고, 내 백성을 가게 하라며 심판이 그 땅에 임했던 것이다. 어느새 이스라엘은 제국의 행태를 답습했고 그렇게 억압자가 되었다.

두려움의 부재와 과잉 사이

한국 병역 거부자의 경우 역시 감옥행을 감수하면서도 군사 훈
련을 거부하는 이유가 강한 신념 때문인 것으로 비춰졌다. 그러
나 그들의 언어를 살펴보면 전쟁과 군사 훈련, 남성성과 위계질
서의 폭력에 동화될 혹은 버텨낼 자신이 없다는 두려움을 종종
확인할 수 있다. '국민으로서', 조국을 지키기 위해서 총을 들고
싸우라는 장엄한 호명에도 마취되지 않은 채 상처받을 것을 두
려워하고, 사람 죽이는 것을 두려워하는 것. 만약 폭력에 동화
되거나 저항하는 것 모두가 '두려움' 때문이라면, 평화학이 천
착해야 할 대상은 바로 이 두려움일 것이다.

_임재성, 《삼켜야 했던 평화의 언어》

전통적으로 수치로 여겨진 두려움이 우리에게 평화를 가져다준
다는 새로운 상상력을 보라. 생명에 대한 경외는 그중 가장 시
급한 두려움이다. 개미 한 마리 밟는 걸 두려워하는 마음이 세
상을 구원한다.

두려움은 자아를 지키기 위해 창조주가 준 선물이다. 두려움
은 그렇게 자아와 외부의 경계를 느끼게 해주고 자신을 보호하

려는 의지를 일으킨다. 겁 없는 아기는 다칠 가능성이 높다. 잔혹함과 같은 인간의 악마성은 이런 두려움을 제거할 때 비롯된다. 나치나 가미가제를 보라. 과거 군대에서 두려움을 제거하기 위해 마약을 먹였던 것은 공공연한 비밀이다.

악마의 최고 업적은 약함을 부끄러운 것으로, 강함을 자랑스러운 것으로 고착시킨 것에 있다. 악마는 두려움을 부정적으로 느끼게 하는 것도 모자라 죄악으로 여기게 했으며, 불처럼 극히 조심스럽게 다뤄야 할 강함을 무분별하게 추구하도록 부추겼다. 그리고 이는 세상 모든 폭력과 전쟁의 씨앗이 되었다. 하지만 세상을 구원한 것은 할 수 있거든 십자가를 지나가게 해달라고 간청했던 그리스도의 두려움이었다. 그 어떤 강함도 하지 못한 일을 약함이 해냈다. 약함은 강함보다 크다. 기독교의 윤리는 강함의 숭배는 폭력과 전쟁을 부르고, 약함의 인정은 용서와 화평을 일군다는 고백에서 비롯된다.

두려움이 해거름 그림자처럼 커지는 것 역시 인간을 악마로 만든다. 급격히 세속화하는 문화에 교회가 겁을 먹으면《사탄은 대중문화를 선택했습니다》라는 책이 주장하듯 록 음악은 모조리 마귀의 음악이 되고, 교회가 동성애를 무서워하면 게이 퍼레이드를 향해 "지옥에나 떨어져라!"라고 외치게 된다. 공포가 사회와 국가 단위로 작동하면 중세의 마녀사냥부터 현대의 좌파색출과 인종청소까지 얼마나 끔찍한 비극이 벌어지는지 우리는 잘 알고 있다.

공포의 거세나 공포의 득세는 공히 세상 모든 야만과 폭력의 원인이며 악마를 소환하는 주문이다. 우리의 삶이 놓여야 할 자리는 두려움 부재와 두려움 과잉 사이의 어디쯤이다.

산수국

입맞춤 하나 지니고 살리

사랑이여, 내가 너를 기다리고 있어.

사랑이여, 안녕, 내가 너를 기다려.

사랑이여, 사랑이여, 내가 기다리고 있어.

그리고 이렇게 이 편지는 끝이 난다. 한 자락의 슬픔도 없이.
내 발은 꿋꿋이 땅을 밟고 서 있고 내 손은 길에서 편지를 쓴다.
나의 삶 속에서 나는 항상 동지와 있거나 적과 맞서고 있거나
내 입에 너의 이름과 한 번도 네 입을 떠난 적이 없었던
입맞춤 하나를 지니고 살리라.

_파블로 네루다, 〈길 위에서의 편지〉

네루다 때문이다.

먼 이국의 낯선 길 위에 서 있기만 하면
안해에게 편지를 쓰고 싶어지는 건 네루다 때문이다.

네루다 때문이다.

내세울 만한 성취나 업적이 아니라
고작 입맞춤 따위가 가장 큰 소원이 된 건 네루다 때문이다.

사랑하는 여인의 입맞춤 하나 지니고 사는 것,
내 평생 가장 간절한 기도였고 앞으로도 그럴 것이다.

이게 다 네루다 때문이다.

말보다 꽃

항상 복음을 전하라. 꼭 필요하다면 말도 사용하라.

_아씨시의 성 프란체스코, 구두 전승

"너희는 온 천하에 다니며 만민에게 복음을 전파하라"(막 16:15)
는 말씀을 들으면 우리는 자동반사적으로 말를 복음을 떠올린
다. 하지만 내남이 알다시피 우리네 삶에는 '말함'보다 '행함'으
로 전해지는 게 압도적으로 많다. 부모와 자식 사이만 봐도 그
렇다. 애들은 부모의 말이 아닌 삶을 보고 그들의 하나님을 받
아들인다. '말 복음'은 '몸 복음' 내지 '삶 복음'에 곁들인 각주에
불과하다.

　개신교인들은 너무 말이 많다. 막무가내로 복음을 외치기 전
에 우리네 존재 자체가 다른 이들에게 복음이 되는지 성찰했으
면 좋겠다. 특히나 가난하고 억압받는 이들에게 복음이 되는지
돌아보라. 그러다 누군가 그 비결을 묻는다면 그때 입을 열어도
족하지 않겠는가. 베드로도 다짜고짜 "예수 천당, 불신 지옥!"을
들이밀라고 하지 않았다. 우리의 희망을 궁금해하는 이들에게
답할 준비를 하라(벤전 3:15)고 했을 뿐이다.

무엇보다도 예수님의 말씀이 이 땅에 어떻게 왔는가. 예수 그리스도의 성육신이 우리에게 가르쳐주는 것은, 말이 화육化肉하지 않으면 복음이 아니라는 것이다.

요즘 가까운 벗님과 더불어 소박한 노래를 지어 부르고 있다. 첫 노래가 공교롭게도 '말보다 꽃'이란 노래라 여기에 옮겨본다.

말보다 꽃 시인 타고르와 성 프란체스코가 내게 준 노래

나무에게 말했네

신을 보여달라고

그러자 나무는 말없이 웃으며

꽃을 활짝 피워냈다네

사람들이 말하네

신이 있다면 보여달라고

그러나 나는 많은 말을 할 뿐

꽃 하나 피우지 못했네

많은 말보다 꽃 피운 삶이기를
많은 일보다 꽃 가꾼 삶이기를
많은 돈보다 꽃 나눈 삶이기를

그래 그렇게 꽃 내음을 날리며 살래
꽃 한 송이 피우며 살래

강함은 관계에서 나온다

오쿄: 어떻게 하면 강해질 수 있습니까?

스님: 강해진다? '강하다'는 것은 '약함'을 아는 것. '약하다'는 것은 '겁을 내는' 것. '겁을 내는' 것은 '소중한 것을 가지고 있다'는 것. '소중한 것을 가지고 있다'는 것은 '강하다'는 것이지.

_우라사와 나오키, 《20세기 소년》

우라사와 나오키의 만화는 치밀하게 짜인 이야기 구조 위에서 인간의 본질, 특히 악마성을 궁구하는 데 탁월함을 보인다. 이 천재 작가에 의하면, 강하다는 것은 소중한 것을 가지고 있다는 뜻이다. 보통 강한 자는 모든 소중한 것을 내칠 수 있는 독종이며 어떤 인연에도 매이지 않는 차가운 자로 인식된다. 평범한 자들은 영화에서나 현실에서나 소중한 그 무엇에 대한 미련 때문에 희생을 당하곤 한다. 하지만 진정한 강함은 관계, 특히 소중한 관계에서 나온다. 어떤 상황에도 버릴 수 없는 소중한 사람, 신념, 관계, 추억을 갖고 있어서 그것이 상할까봐 두려워하는 사람, 바로 그 사람에게서 세상을 바꾸는 강함이 나온다.

우리는 '복수형 단수'로 존재한다

모든 로마카톨릭 신학자들은 종합synthesis, 즉 하나의 완전하고 만족스러운 체계를 추구하였던 반면, 개신교 사상은 모순들이 존재한다는 상황을 그대로 인정하였다. 나는 기독교 초기부터 일종의 통일성 확보를 위한 열정—모든 것을 단일의 원리 하에 두거나 혹은 통일체계를 유지하기 위한 조작을 일상시하는 것—이 존재해왔다고 생각한다. 모순이 나타날 때마다 우리는 그 것을 이상적인 하나One, 유일무이한 것The Unique, 모든 것을 설명하는 것, 단일차원으로의 축소와 기타의 것으로 환원시키려고 노력한다. 이제 나는 이런 시도가 지식적으로는 불가능한 것, 영적으로는 악한 것과 위험스러운 것이라고 믿는다. 나는 노골적으로 이 모든 통일성에 반대하는 바이다. 또한 이것은 마치 유일하신 하나님이 복수로 존재하지 않는 것처럼 생각하는 단일신론monotheism의 오류이며(유대의 엘로힘은 기독교 삼위일체처럼 복수이다), 또한 이것은 사상의 복수성pluralism과 모순의 가납성acceptance을 확증해주는 것이다.

_자크 엘륄, 《쟈크 엘룰 사상 입문》

기독교는 한 분의 신이 홀로 존재하는 건조한 일신론의 종교가 아니라 세 인격의 하나님이 하나가 되는 역동적 삼위일체론의 종교이다. 이것은 단순한 교리 나부랭이가 아니다. 나는 안다. 모든 아름다운 것은 삼위일체라는 '복수형 단수'에서 나옴을.

이를테면 공동체로 사는 까닭도 여하한 유익과 당위를 떠나 삼위일체를 궁극적 근거로 삼을 수밖에 없다. 하나님은 본질상 공동체적 하나님a communal God이고, 영원부터 영원까지 '더불어' 존재하신다. 하나님의 존재 양식이 공동체이기 때문에 사람의 독처함은 견딜 수 없는 모습이었다. 그렇게 우리는 그분의 형상을 따라 공동체적으로 지음을 받았기에 가정이든 지역사회든 어우러져 살아갈 수밖에 없는 팔자다. 그 유명한 "우리가 우리의 형상을 따라"(창 1:26, 새번역)가 보여주듯 창조는 그 주체에서나 객체에서나 공히 공동체적이었다.

다른 종교를 폄하하려는 건 결코 아니지만 내 짧은 식견에 기독교와 벗하는 유일신 종교인 유대교와 이슬람교의 경우, 성육신한 신(성자)을 인정하지 않고 우리 몸에 거하는 신(성령)의 존재감이 미미하기 때문에 건조한 일신론에서 벗어나지 못하는 건 아닌지, 이로 인해 다양성과 모순을 품을 공간이 부족한 건 아닌지 아주 조심스레 짐작해본다. 그런데 정작 현실에서는 기독교 근본주의가 유대·이슬람 근본주의보다 더 지독한 악취를 풍긴다. 입술로는 삼위일체를 말해도 삶으로는 성육신을 해본 적도 없고, 성령의 숨결로 살지도 않기 때문이리라.

Haejoong

뻐꾹나리

본디 천박한 은혜

이 책은 이쯤 되면 더 멀리 가 있지 않을까 생각했지만

그렇지 못한 사람이 쓴 책이다.

가석방위원회에 잘할 것이라고 약속했지만

그렇게 하지 못한 수감자가 쓴 책이다.

다른 사람들에게는 길을 보여주었지만

자기 자신은 계속 길을 잃은 눈이 침침한 사람이 쓴 책이다.

약간의 포도주가 몸에 좋다면

많이 마시면 진짜 좋겠지라고 생각했던

뇌수종을 앓고 있는 사람이 쓴 책이다.

사제, 강사, 그리고 저자로 알려진

거짓말쟁이, 부랑아, 도둑이 쓴 책이다.

크래커에 얹은 치즈가 하도 자주 떨어져서

"젠장 맞은 치즈와 크래커"라고 말했던 제자가 쓴 책이다.

_브레넌 매닝, 《모든 것이 은혜다》

이 글은 저자 브레넌이 자신의 인생을 스스로 반추하며 쓴 글이다. 서문에서 필립 얀시가 쓴 표현을 빌리자면 "전심으로

믿으나 살아내지는 못한 복음을 선포"한 사람이 브레넌이다.

브레넌이 어떤 사람인지 '슬라이드 쇼' 기능을 켜보면 다음과 같은 사진이 주마등처럼 지나간다. 가톨릭 가정에 태어나 어릴 적부터 충분한 사랑과 인정을 받지 못한 아이. 일찍이 16세부터 술에 찌든 청년. 대학과 군대를 거쳐 사제가 되고 나서야 예수를 만난 그리스도인. 강연에 탁월한 재능을 발휘, 강사로 이름을 날리다가 만난 한 여인과 사랑에 빠져 파계한 신부. 열애 끝에 결혼하였으나 술의 유혹을 이기지 못해 가족을 고통스럽게 하고 끝내 결별한 이혼남. 무엇보다도 지독한 알코올중독에 거짓말을 밥 먹듯이 하는 못된 인간. 사람들을 감동의 도가니로 몰아넣는 책을 쓰고 강연을 하고선 언제 그랬냐는 듯이 숙소로 돌아와 술에 절어서 지낸 위선자. 심지어 자신의 어머니가 돌아가셨을 때에도 술을 먹고 장례식을 놓친 인간 말종.

하나님은 당신의 사랑이 인간이 짐작하는 것과 얼마나 다른지 보여주기 위해 자극적 사례를 들곤 한다. 보통 사람으로선 용납할 수 없는 극단적 인생을 허락하시고, 그런 인생을 향한 극단적 사랑을 보여준다. 브레넌의 삶이 딱 그렇다. 이런 점에서 그들은 하나님의 메시지를 전하는 선지자이다. 하지만 선지자들이 미움과 분노를 샀듯이, 극단적 은혜의 담지자들은 비난과 정죄를 당한다. '모범적인 형'으로 살아온 이들은 '돌아온 탕자'가 증거하는 은혜를 천박하다고 힐난한다. 그래서일까, 브레넌의 친구였던 마이클 야코넬리Michael Yaconelli는 "은혜보다 교회 안의 사람들을 더 화나게 만드는 것도 없다"고 했다.

명토 박아 말하건대, 참된 은혜는 사람을 걸려 넘어지게 한다. 자신의 공로에 의지하는 이, 사랑받기 위해 몸부림치는 이를 격발시키지 못한다면 은혜가 아니다. 은혜는 본디 천박한 법이다.

신이 날 사랑하는 방식

너는 너의 과거의 죄와 부도덕한 습관에서 온 모든 결함이 너를 위한 나의 사랑스런 섭리의 한 부분이라는 것을, 그리고 내가 그 결함을 지닌 지금 네 모습 그대로 너를 사랑한다는 것을 이해하고 배워야 한단다. 그러므로 너는 자신을 어떤 모습으로 만들어야 내 마음에 들 수 있을지 판단하는 습관을 극복해야 한단다. (…) 네가 나의 마음에 드는 길, 내가 너를 사랑하기 원하는 길은, 너의 모든 결점과 결함을 가지고, 지금 있는 그대로 있는 것이란다. 만약 내가 원한다면, 순식간에 그 단점과 결점을 없애 버릴 수 있단다. 그러나 그렇게 되면 내가 너를 사랑하기 원하는 방식으로, 즉 지금 네 모습 그대로 널 사랑할 수 없게 되잖니.

_노리치의 줄리언, 《신의 사랑의 계시》

우울증과 공황장애를 앓으며 치료 상담을 받았다. 거기서 가장 많이 들었던 이야기가 '자기 용납'이었다. 자신의 결핍, 분노, 수치, 절망, 추함, 악함 등을 내 모습으로 인정하고 사랑해주란 말을 수없이 들었지만 그게 참 말처럼 쉽지가 않았다. 자기 수용성이 높고 이 정도면 꽤 건강한 자아상을 갖고 있다고 생각했는

내 삶을 바꾼 한 구절

097

데 돌이켜보니 단 한 번도 나 자신의 부정적인 면을 토닥토닥해준 적이 없었다. 충격이었다. 지금까지 나를 혐오하지 않고 괜찮은 사람으로 여기며 살아올 수 있었던 것은 부정적인 면을 긍정적인 모습으로 상쇄해왔기 때문이었다.

하나님이 나를 사랑하심을 믿었고 뜨겁게 경험했지만 내 부정적인 모습을 긍정적인 모습만큼, 아니 그보다 더 사랑하신다는 것까지는 경험하지 못했다. 말로는 믿었을지라도 실제로는 바람직한 모습을 확대해서 바람직하지 못한 면을 덮으려고 해왔을 따름이었다. 오랜 세월 주님을 닮으려고 몸부림쳐왔지만 특정한 지점에 관한 한 반복되는 죄의 습관을 고칠 수 없었다. 앞 장의 브레넌 매닝과 같은 알코올중독이 아닐 뿐, 나 역시 다른 면에서는 중독자였다. 그렇게 어쩔 수 없는 죄인임을 뼈저리게 느끼면서 주님의 보혈의 공로만을 더욱 의지하게 되었지만, 그 어두움까지 사랑하는 주님은 놓치고 말았다. 은혜에 감사하면서도 늘 죄스럽고 당당하지 못한 자식! 그게 하나님 앞에서의 내 벌거벗은 모습이었다. '오직 믿음으로'를 통해 이미 오래전 공로주의에서 벗어났다고 철석같이 믿었지만, 무의식 깊은 곳에서는 결코 공로주의에서 벗어나지 못했다. 그토록 오랫동안

"사랑의 주님이 날 사랑하시네. 내 모습 이대로 받으셨네"라고 노래했지만 실제론 하나님이 제 모습을 그대로 받으셨음을 절절하게 통감하지 못했고, 그래서 나 자신도 이웃도 용납하지 못했다.

이제 브레넌이 자신의 개차반 같은 모습을 받아들였듯이 나도 한심하기 이를 데 없는 자신을 사랑하려고 한다. 그렇게 큰 은혜를 맛보고도 어떻게 알코올중독에 거듭 빠질 수 있느냐는 질문에 "그럴 수도 있지"라고 한 브레넌처럼 나 역시 하나님의 사랑에 기대어 내 악함과 연약함을 뻔뻔한 낙관으로 안아주련다. 하지만 어떤 날은 염치가 없어서 도저히 그렇게 못하는 날이 있다. 그럴 때면 줄리언의 글을 곱씹으며 공로주의의 독을 빼내곤 한다.

어쩌면 나는 신이 나를 사랑하기 원하는 방식이 아닌 내가 원하는 방식의 사랑을 종용해왔는지도 모른다. 영성이란 그분 마음 가는 대로 날 사랑하시도록 내버려두는 것, 그 이상도 이하도 아닌 것 같다. 이제는 그분이 날 사랑하기 원하는 방식에 맞장구를 쳐줄 나이가 되었나보다.

죽음에서 피워낸 경제학

가진 자는 가진 것만큼 더 쉽게 가진다.
가진 것이 없는 사람은 앞으로도 더 가질 수 없다.

_무하마드 유누스·알란 졸리스, 《가난한 사람들을 위한 은행가》

자본주의의 병폐를 이 두 문장보다 더 명쾌하게 요약한 것이 있
을까.

> 사방은 굶어 죽어가는 사람들로 가득했다. (…) 시신들은 우리
> 집 대문 앞에 나뒹굴었지만, 부족함 없이 잘 먹고 잘 살고 있는
> 우리에게 아무런 원망도 하지 않았다. (…) 땅바닥에 서로 껴안
> 은 채 웅크리고 있는 어머니와 자식이 우리와 같은 세상 사람들
> 인지 아니면 이미 다른 세상으로 떠났는지 알 수 없었다.

유복한 가정에서 자란 유누스는 1974년 방글라데시를 휩쓴 대
기근을 이렇게 회상한다. 이런 경험 때문에 유누스는 주류 경제
학자와는 다른 길을 걷고, '그라민 뱅크'를 설립하여 수많은 이
들에게 영감을 끼친 마이크로론(소액대출)을 시작하고, 마침내

노벨평화상(경제학상이 아니다!)을 받았으리라.

　유누스의 문제의식은 분명하다. "길바닥에선 사람들이 굶어 죽고 있는데, 도대체 경제학 이론이 무슨 소용이란 말인가?" 새로운 역사를 만들어내는 것은 회의하는 자들의 몫이다.

향유가 생태다

우리가 소유하고 있는 것을 너무 적게 즐기기 때문에 우리는 점점 더 많이 그리고 점점 더 빠르게 새로운 것을 필요로 한다.

_프란츠 알트, 《생태적 경제기적》

주신 꽃 한 송이,
바람 한 점,
노래 한 곡,

주신 밥 한 그릇,
할 일 하나,
오랜 벗 하나.

내게 주신 삶을 천천히 제대로 누리며 사는 것이 늘 신상품과 명품을 찾아 허덕이는 소비문화를 극복하는 열쇠가 아닐까.

그 집에 가고 싶다

아프거나 쉬고 싶을 때는 쉽니다.
MBC KBS SBS TV에 한 번도 방영되지 않은 집.

_대전의 한 식당 앞에 내걸린 문구

'아프거나 쉬고 싶을 때는 쉽니다.' 우리 엄마가 오랫동안 장사를 하셨기에 가게 문을 닫는 게 장사꾼들에게 얼마나 힘든 일인지 안다. 쉬고 싶을 땐 내 맘대로 쉰다는 저 한마디는 수많은 자영업자들이 목을 매는, 매상이라는 족쇄를 간단히 해체한다.

'MBC KBS SBS TV에 한 번도 방영되지 않은 집.' 요즘 엔간한 식당치고 방송이나 신문에 나왔다는 액자 하나씩 걸어두지 않은 데가 없다. 방송 타기 위해 돈을 준다는 말조차 공공연히 나도는 실정이니 말이다. 약점이나 열등감으로 느낄 수 있는 것을 당당함으로 바꿔버리는 이 발상의 전환을 보라. 우리도 이렇게 살자.

잔인한 소속감

인간은 누구나 사회 안에 살면서 자기보다 못한 인간이 있기를
기대한다. 자기는 중심에 있기를 기대하고 다른 사람은 주변에
있기를 기대한다. 자기가 주변에 있어도 더 주변에 있는 사람이
있기를 기대한다. 소수 외국인을 차별하고 멸시하고 내쫓을 때
내국인의 마음은 왠지 모르게 편하고, 차별받지 않는 지역에 속
한 사람들은 왠지 모르게 즐겁다.

_홍세화, 《쎄느강은 좌우를 나누고 한강은 남북을 가른다》

사람은 어딘가에 속해 있고 귀속감은 인간에게 필수적이다. 인
종, 민족, 국가, 지역, 종교, 학교, 회사, 동호회, 사용자 모임, 자
주 가는 가게, 응원하는 축구팀, 심지어 진달래보다 개나리를
더 좋아하는 사람, 카레와 팥빙수를 비비지 않고 먹는 사람까
지….

우리가 깨닫지 못하는 새에 우리는 유무형의 수많은 집단에
속해 있다. 속해 있지 않다면 정체성이라는 것 자체가 형성되기
어려울 것이다. 심지어 아무 곳에 소속되어 있지 않은 사람들에
소속되어 있기도 하다.

그런데 이 '귀속감'이라는 천을 뒤집어 까보면 '배제'라는 안감이 나온다. 교회의 모든 예배에 참석하는 교우가 겨우 주일만 지키는 교우 앞에서 괜히 즐거운 것은 충성된 자라는 귀속감을 독점하기 때문이다. 친구가 어떤 인디 밴드를 모른다고 할 때 더 신나서 말하는 사람은, 상대를 배제시키는 데에서 나오는 쾌감 내지 우월감을 느끼는 것이다. 내가 속해 있다는 혹은 속해 있지 않다는 인간의 안도감 내지 우월감은 얼마나 잔인하며 또 얼마나 가혹한가.

시시한 삶을 고르다

우리 시대에는 스타를 갈망하는 바다 속에서 시시한 삶의 자리
를 지켜내는 투쟁이 요청되는 것이다. 평범한 일상 속에서 내적
혁명을 일으키고, 시시한 삶을 선택·결단함으로써, 시시하고
보잘것없는 중생들의 마음결을 살피고, 그들과 함께 혁명하는
것이다.

_한상봉, 《연민》

가톨릭에서 사회운동에 투신하다 귀농한 한상봉 선생의 말씀이
다. 헌신 예배나 신학교 졸업식 때마다 울려 퍼지는 찬양 〈부름
받아 나선 이 몸〉의 한 구절 "이름 없이 빛도 없이"에 대한 주해
로 이보다 더 완벽한 게 있을까.
  왈버트 뷜만의 《선민과 만민》에 보면 이런 말이 나온다. "세
계사의 이 지방극장에서 진짜 주역은 왕과 재판관들이 아니라,
자기네 하느님의 말씀에 따르고 그 하느님과 더불어 마치 사람
들과 이야기하듯이 이야기하고 있던 그런 소수의 단순하고 보
잘것없고 버림받은 양치기와 농부들이었다." 하지만 실제 삶에
서 우리는 그런 주역의 뿌듯함은 고사하고 엑스트라 증후군에

시달린다. 인정받음에 목말라하며 외로움과 눈물겨운 싸움을
벌인다.

시오노 나나미는 어디에선가 이렇게 썼다. "극단적인 일은 뉴
스가 되고 연대기에도 기록되지만, 풍파를 일으키지 않은 평범
한 방식은 아무리 좋은 결과를 낳아도 뉴스가 되지 않는다. 그
것은 현대 저널리스트에게나 과거의 연대기 작가에게나 마찬가
지다."

여러분에게 묻기 앞서 스스로에게 묻는다. 그분이 원한다면
뉴스가 되지 않는 삶, 다른 이의 눈에 띄지 않는 시시한 삶을 기
꺼이 살아가겠는가?

한국 교회에 가장 절실한 가르침

> 본질적인 것에는 일치를
> 비본질적인 것에는 자유를
> 모든 것에는 사랑을
>
> _리처드 백스터, 《개혁된 목사》

백스터의 책에 실리면서 널리 알려진 멜데니우스Meldenius의 명구.

19세기 미국의 대부흥을 이끌었던 무디D. L. Moody. 그가 영국에 집회를 하러 갔다가 깊이 존경하던 스펄전C. H. Spurgeon을 뵙고 싶어 집을 찾아갔다. 두근거리는 마음으로 문을 두드리자 흠모하던 스펄전이 나왔는데 놀랍게도 입에 파이프를 물고 있었다. 무디는 깜짝 놀라 "아니, 어떻게 그리스도인이 담배를 피웁니까?"라고 물었고, 스펄전은 장난스러운 미소로 뚱뚱한 무디의 뱃살을 쿡 찌르며 이렇게 말했다고 한다. "그럼 그리스도인이 이렇게 배가 나와서 쓰나?"

이 재미난 일화는 지역과 문화에 따라 정죄와 관용이 다르게 적용될 수 있음을 잘 보여준다. 미국의 보수교단은 주초를 죄악시한 반면, 영국을 비롯한 유럽 교회는 술, 담배에 너그러운 편이었다. 대신 유럽에서는 미국에서 크게 문제 삼지 않는 탐식을 정죄했기에, 무디의 튀어나온 배는 7대 죄악의 하나인 탐식과 게으름을 보여주는 것이었다. 이것은 오늘날 미국에 왜 그렇게 비만한 그리스도인이 많은지, 또 유럽에 C. S. 루이스를 비롯해 왜 그렇게 애연가 그리스도인이 많은지를 설명해주는 단서이기도 하다.

기생꽃

폭풍보다 센 빈풍貧風

마개를 막은 항아리는
속이 비어 있으므로
거친 물결 위에도 떠 있다.
누구든지 중심에 가난의 바람이 불면
이 세상 거친 물결에 평안히 떠 있을 것이다.

_루미, 《사랑 안에서 길을 잃어라》

페르시아의 대시인 루미가 발견한 삶의 역설. 우리를 세파에서
지켜주는 건 돈이 아니라 가난이다. 허나 바람이 그렇듯 가난은
시원함을 주지만 추위와 초라함을 주기도 한다. 그렇다 해도 내
안에 이는 가난의 바람을 틀어막을 순 없다. 그분의 입김이 일
으키는 바람이건대 내 어찌 막으랴.

가장 무서운 말

내가 이렇게 오래 너희와 함께 있으되 네가 나를 알지 못하느냐.

_요한복음 14장 9절, 개역개정

예수의 입에서 나온 말 중 이 말이 가장 무섭다. 일평생 예수와 함께하고는 똑같은 말을 들을까 두렵다. 한국 교회에 이런 일이 벌어질까 겁이 난다.

> 그날에는 많은 사람이 나를 보고 '주님, 주님! 우리가 주님의 이름으로 예언을 하고 주님의 이름으로 마귀를 쫓아내고 또 주님의 이름으로 많은 기적을 행하지 않았습니까?' 하고 말할 것이다. 그러나 그때에 나는 분명히 그들에게 '악한 일을 일삼는 자들아, 나에게서 물러가거라. 나는 너희를 도무지 알지 못한다' 하고 말할 것이다.
>
> _마태복음 7장 22-23절, 공동번역 개정판

얼음장처럼 차가운 예수다. 입체적 예수를 평면적 존재로 박제하고, 무지개색 예수를 무채색으로 탈색하고, 온몸을 생명의 떡

으로 내준 예수를 제 입맛에 맞는 살만 발라 먹고 버리면, 남는
건 "너를 모른다"고 할 예수밖에 없다. 오랜 세월 우리는 예수를
믿는다고 하고는 내 이해에 맞게 길들였다. 대학로에 〈말괄량이
길들이기〉가 있다면 교회에는 〈그리스도 길들이기〉가 있다.

> 기독교 2천 년 역사 가운데서 예수님은 많이도 시달려왔다. 한
> 때는 십자군 군대의 앞장에 서서 전쟁과 학살에 이용당하기도
> 하고, 천국 가는 입장료를 어마어마하게 받아내는 그야말로 뚜
> 쟁이 노릇도 했고, 대한민국 기독교 백년사에서는 반공이데올
> 로기의 선봉장이 되어 무찌르자 오랑캐를 외쳤고, 더러는 땅투
> 기꾼에게, 더러는 출세주의자들에게, 얼마나 이용당하며 시달
> 려왔던가.
>
> _권정생, 《우리들의 하느님》

십자가에서 만신창이가 된 예수는 그를 떠받드는 이들에 의해
거듭거듭 만신창이가 되었다. 일제강점기에 신앙 토착화에 힘
쓴 이용도의 일기(1930년 2월 20일자)를 다시 읽어본다.

예수를 요구하느냐, 하나님의 아들 예수를 찾으라.

사람의 예수, 너희가 만들어 세운 예수 말고!

예수를 갖다가 너희 마음에 맞게 할 것이 아니라,

너희를 갖다가 예수에게 맞게 하라.

광장으로 가신 예수

> 교회가 세상의 빛이 아니라 빛을 막는 두꺼운 암막이며, 소금이
> 아니라 세상을 썩게 만드는 세균이 되고 있다면 기가 막힐 노릇
> 이 아니겠습니까? 그런데 슬프게도 그게 현실입니다.
>
> _한종호, 《밀실에 갇힌 예수》

교회가 세상의 부패를 막는 소금이 아니라 되레 세상을 썩히는
세균이라면 이보다 더 참담한 말이 또 있을까. 그런데 한종호
목사의 말마따나 그게 엄연한 현실이다.

각종 포털에서 '개독박멸'이란 댓글이 심심찮게 베플을 차지
하는 걸 보면, 확실히 기독교인들은 이 세상에서 바이러스 취급
을 받고 있나보다. 연세 드신 목회자들은 일부 안티기독교 세력
의 공작이라고 나이브하게 반응하지만, 그렇게 보기엔 너무나
많은 누리꾼의 지지를 받고 있다. 안타깝게도 기독교를 이 사회
의 병균으로 보는 인식은 널리 확산되고 있다.

개독은 박멸해야 할 병균이라며 쇳소리를 내는 누리꾼에게서
나는 영화 〈매트릭스〉에 나오는 스미스 요원의 향기를 맡는다.
그는 모피어스에게 너희 인간은 바이러스라고 강변한다.

내가 여기 있는 동안 한 가지 깨달은 걸 나누고 싶어. 너희 종을 분류하면서 한 가지 결론에 도달했는데 인간은 결코 순수한 포유류가 아니었어. 지구상의 모든 포유류들은 본능적으로 환경에 조화를 이루면서 살아가는데 너희 인간들은 그렇지 않아. 너희들은 한 지역에서 번식을 하고 모든 자연 자원을 소모해버리지. 그러고는 생존을 위해 또 다른 지역으로 이동하지. 지구상에 너희와 똑같은 패턴으로 움직이는 유기체가 있어. 바로 바이러스야. 인간은 질병이야. 이 지구라는 행성의 암적 존재지. 너희 인간들은 전염병이고 우리는 치료제다.

이 서늘한 대사를 들으며 감히 자신 있게 반박하는 사람이 없는 것은 우리 인간이 이 초록별에 지은 죄에 대해 일말의 가책이나마 갖고 있기 때문이리라. 마찬가지로 수구 꼴통 기득권 세력인 개독을 박멸해야 나라가 편안해진다는 누리꾼의 주장에 코웃음을 칠 수 없는 것은, 도둑이 제 발 저리듯 우리의 허물을 알기 때문이다. 이런 모욕적인 언사에 또박또박 반박할 수 없다는 사실은 우리에게 한 바가지의 참담함을 끼얹는다.

그렇다면 예수는 왜 저항하지 않고 순순히 밀실에 갇혀 있는가? 부활의 아침, 그 무거운 돌문을 열어젖힌 분이 왜 밀실 문은 열고 나오지 않는가? 주님은 우리가 문을 열어주길 고대하고 계시다. 그분이 스스로 문을 열고 나오시는 날은 가혹한 심판의 날이 될 것이다. 그전에 우리가 그분을 밀실에서 모시고 나와야 한다.

이 지점에서 한 목사는 밀실과 대척하는 한 공간, 예수에게 속한 본래의 공간을 제시한다. 그것은 광장이다.

예수께서는 진정한 의미의 광장을 회복하신 분이다. 그는 바닷가에서는 배의 앞머리에 앉으셔서 모여든 사람들에게 말씀하셨다. 광장의 문화를 새롭게 하신 것이다. 산에 사람들을 모아놓고 또 하나의 광장을 이룩하셨다. 들에서도 마찬가지였다. 제자들에게는 너희들이 언젠가는 이 모든 일을 지붕 위에서 선포할 것이라며, 광장에서의 울림을 지향점으로 제시해주셨다. 제사장과 율법학자, 바리새파들이 밀실에서 저지르고 있던 일들을 광장으로 끌어내어 세상에 폭로하셨다. 성전에서 저질러지고 있던 죄를 대낮에 드러내시고 뒤집어엎으셨다. 밀실에서 훈련받은 자들의 음습하고 교활하고 위선적이며 뒷 계산을 하는 방

내 삶을 바꾼 한 구절

식과는 전혀 달랐다.

이런 점에서 《밀실에 갇힌 예수》는 공간론에 관한 책으로 읽힌다. 문학연구에 보면, 서사를 이끌어가는 라이트모티프Leitmotiv 중에 '장소애場所愛, topophilia'라 불리는 것이 있다. 특정 장소에 대한 애착이 이야기를 끌고 가는 동력이 됨을 가리키는 말이다. '장소애'라는 모티프로 볼 때 기독교 역사는 밀실로부터의 탈출 역사라 해도 과언이 아니다. 밀실에 들어가 사제에게 죄를 고백하고 그의 속죄 선포에 가슴을 쓸어내리던 이들이, 우리 모두가 택한 족속이요 왕 같은 제사장이라는 만인제사장의 기치를 높이 들게 되었다. 또한 교회 정치가 소수 종교 지도자에 의해 비밀리에 운영되던 밀실 정치에서 전 성도가 민주적으로 교회 운영에 참가하는 광장의 정치로 옮겨 왔다. 그뿐인가. 밀실에서 소수 권력자들이 나라를 쥐락펴락하며 국민을 탄압할 때 교회는 모든 권력은 국민으로부터 나온다고 선포하며 독재에 맞서 싸움으로 밀실의 권력을 광장의 권력으로 열어젖혔다.

예수께서 죽은 나사로를 살리시고 "풀어놓아 다니게 하라"(요 11:44)고 하신 것은 훗날 자신이 밀실에 갇힐 것을 미리 아시고 하신 말씀일지도 모른다. 유명한 노래에도 나오듯이 예수는 춤의 왕Lord of the Dance이다. 이제 그만 예수를 중심부 높은 밀실에서 풀어놓아 변두리 낮은 광장에서 생명의 춤을 추게 하라. 그날에 그분이 잔치를 베푸시리니 참예하는 자에게 생명이 있으리라. 아멘.

패랭이꽃

신이 기도에 응답하는 방법

누가 인내를 달라고 기도하면 신은 그 사람에게 인내심을 줄
까요?

아니면 인내를 발휘할 수 있는 기회를 주시려 할까요?

용기를 달라고 하면 용기를 주실까요?

아니면 용기를 발휘할 기회를 주실까요?

만일 누군가 가족이 좀 더 가까워지게 해달라고 기도하면

하나님이 뿅 하고 묘한 감정이 느껴지도록 할까요?

아니면 서로 사랑할 수 있는 기회를 마련해주실까요?

_톰 새디악 감독, 〈에반 올마이티〉

영화 〈에반 올마이티〉를 보며 이 멋진 대사에 한 방 맞은 사람이
나만은 아닐 것이다.

하나님은 늘 우리 기도를 들어주신다고 하는데 왜 내 기도에
는 응답하지 않느냐고 볼멘소리를 하는 이유가 여기에 있다. 기
도 응답의 점진성을 모르는 것이다. 자고 일어나서 하루아침에
뚝딱 자기가 원하는 모습이 될 수는 없다. 무슨 일이든 대가를
치러야 하는 법이다. 어쩌면 우리네 기도는 그 대가를 치르지

않고 날로 먹게 해달라는 것일지도 모른다.

　기도는 도깨비방망이가 아니다. 기도는 우리가 구하는 것이 무엇인지, 그것을 얻기 위해 무엇을 감수해야 하는지 깨닫게 해주는 것이요, 그 대가를 치를 기꺼운 사랑과 용기를 주는 것이다.

도리도리가 먼저다

확고불변한 진리를 부정하면서
오 멋져라, 머리를 옆으로 흔드는 것은!

_베르톨트 브레히트, 〈의심을 찬양함〉

따지고 보면 확실한 진리란 그다지 많지 않다. 내 생각에, 기독
교 신앙에 관해서는 삼위일체 하나님, 그분의 말씀인 성경, 사
람으로 오신 예수, 그리스도의 몸인 교회 등, 기껏 다섯 손가락,
많아야 열 손가락을 넘지 않는다. 이들 외의 전통, 관습, 통념은
아무리 강력하고 장구하다 해도 절대적인 진리로 보지 않는다.
　한 번도 의심하지 않았다며 자랑스레 말하는 이들만큼 위험
한 것도 없다. 스타 목사의 말이라면 무조건 옳다며 헤드뱅잉을
해대는 이들이 넘쳐나는 한, 교회는 팬 콘서트장과 별다를 바
없다. 진리를 찾아가는 걸음에는 헤드뱅잉과 함께 도리도리가
필수이다. 우리가 아가였을 적 가장 먼저 배운 것은 죔죔, 도리
도리, 곤지곤지였다. 진리를 죔죔으로 움켜쥐고 맛을 본 다음엔
끄덕끄덕이 아닌 도리도리로 의심을 해봐야 한다. 그리고 곤지
곤지를 통해 제 손으로 진리를 짚을 수 있어야 한다.

자, 그러니 이제 시끄러운 음악을 틀어라! 과격하게 머리를 좌우로 흔들어라! 브레히트와 함께 의심을 찬양하라!

코드화된 기독교를 부정하면서
오 멋져라, 머리를 옆으로 흔드는 것은!

병든 육체와 함께 구원을 기다리다

이따금, 우리의 육신이 아프거나, 마비되거나, 우리의 뜻대로 움직여지지 않을 때, 우리로 하여금 삶을 누리게 하지 않을 때, 우리는 우리의 육신을 떠나고 싶어 합니다. 그러나 그것은 악마의 계략일 뿐입니다. (정교회의) 현자 칼리스토스 웨어 주교는 이렇게 말합니다. "사람은 육신을 벗어나서는 구원을 받지 못한다. 육신 안에 있을 때에만 구원을 받을 수 있다. 사람은 물질계를 벗어나서는 구원을 얻지 못한다. 물질계와 함께할 때에만 구원을 얻을 수 있다"(《정교회의 길》136쪽). 꽃잎 없는 장미가 어찌 향기롭겠습니까? 여인이 자기 몸에 찍어 바르지 않는 향수가 어찌 향수이겠습니까?

_비겐 구로얀, 《정원에서 하나님을 만나다》

내가 속한 교회 전통에서는 구원을, 영혼이 마침내 육신이라는 거죽을 벗는 것으로 보는 경향이 강하지만 동방 교회의 전통은 육신과 함께 구원받음에 방점을 찍는다. 나란 사람은 서방 교회가 영육이원론에 기울면서 불거진 폐해에 진저리 치는 축이라 육체성과 물질성을 멸시하는 꼴을 보면 불편하기 짝이 없다. 허나 고희를 넘긴 부모님 두 분이 병약하시고, 특히 어머니는 '걸어 다니는 종합병원'이다보니 간혹 육신의 질고를 벗고 훨훨 날아가고 싶다는 어머니의 탄식을 접하면 공감 어린 추임새를 넣지 않을 수 없다.

하지만 어머니의 한숨이 잦아들면, 나는 이렇게 말씀드린다. "어머니, 병든 우리 몸만이 아니라 병든 영혼(죄성) 역시 우리를 평생 괴롭히지 않았습니까. 매 주일 예배 시간에 '몸이 다시 사는 걸 믿사오며'라고 신앙고백을 하지 않습니까. 그렇다면 몸에서 벗어날 때 구원이 임하는 게 아니라 부족한 몸과 영혼이 서로를 따뜻한 포옹으로 감싸 안을 때 주님의 구원의 손길이 임하는 게 아닐까요." 그러면 이번에는 어머니가 맞장구를 치고 추임새를 넣어주신다.

그 순간 아들은 자신을 낳아준 어머니의 병든 육체와 함께 구원받기를 간절히 기도드린다. 자신의 첫 집이었고 자신의 젖줄이었던 어머니의 자궁과 가슴을 이 땅에 버리고 갈 수는 없기에.

3

신발 끈 매는 걸
보러 가다

쥐와의 동침

이들은 또한 생명 사랑에 주력하였다. 이세종과 이현필 그리고
김금남이 다 같이 경험하였듯이 온갖 벌레를 죽이지 않았으며,
길을 가다가 뱀이 보이면 막대기로 들어서 옮겨주고 갔으며, 쥐
가 들어도 문을 열어서 내보냈으며, 몸에 있는 이도 옷을 뒤집
어서 털어버리곤 하였다. 이뿐만이 아니라 길가에 칡넝쿨이 도
로 쪽으로 뻗어 있으면 낱낱이 옮겨서 사람이 밟거나 혹은 소달
구지가 지나면서 짓누르지 않도록 하였다.

_차종순, 《성자 이현필의 삶을 찾아서》

한국의 자생 개신교 수도원인 동광원의 생명 사랑을 표현한 대
목이다. 나도 집에선 좀처럼 살생을 금하긴 하는데 완벽하진 않
다. 벌이 들어오면 절대 죽이지 않고 밖으로 나갈 수 있게 길을
열어준다. 파리도 창밖으로 몰아내거나 기절시켜서 밖에 내놓곤
한다. 그런데 모기는 어쩔 수 없다. 눈에 띄는 족족 죽이고 만다.
한번은 날개 달린 개미가 방바닥을 기어 다니는데 애들을 물지
는 않을까 겁이 나서 죽이고 말았다. 캐나다에 살 적엔 집에 생
쥐가 들끓는 게 너무 싫어서 쥐덫과 끈끈이를 놓아 잡기도 했다.

그런데 권정생 선생은 쥐와 한 이불을 덮고 지내셨단다.

서향으로 지어진 예배당 부속 건물의 토담집은 겨울엔 춥고 여름엔 더웠다. 외풍이 심해 겨울엔 귀에 동상이 걸렸다가 봄이 되면 낫곤 했다. 그래도 그 조그만 방은 글을 쓸 수 있고 아이들과 자주 만날 수 있는 장소였다. 여름에 소나기가 쏟아지면 창호지문에 빗발이 쳐서 구멍이 뚫리고 개구리들이 그 구멍으로 뛰어들어와 꽥꽥 울었다.

겨울이면 아랫목에 생쥐들이 와서 이불 속에 들어와 잤다. 자다보면 발가락을 깨물기도 하고 옷 속으로 비집고 겨드랑이까지 파고들어오기도 했다. 처음 몇 번은 놀라기도 하고 귀찮기도 했지만 지내다보니 그것들과 정이 들어버려 아예 발치에다 먹을 것을 놓아두고 기다렸다.

개구리든 생쥐든 메뚜기든 굼벵이든 같은 햇빛 아래 같은 공기와 물을 마시며 고통도 슬픔도 겪으면서 살다 죽는 게 아닌가. 나는 그래서 황금덩이보다 강아지똥이 더 귀한 것을 알았고 외롭지 않게 되었다.

_권정생, 《우리들의 하느님》

이토록 달콤한 '적과의 동침' 같으니라고. 그럼에도 난 쥐와 한 이불을 덮고 잘 수는 없을 것 같다. 아, 정녕 나 같은 범인凡人은 성인들의 내공에 미칠 수 없단 말인가.

Hayjeong 2009 4

할미꽃

이야기로 영생하다

사람이 자기 이야기를 아주 많이 하면 자신이 그 이야기가 된다. 그 사람이 죽은 뒤에도 이야기는 남아 있다. 이런 식으로 그 (또는 그녀)는 불멸의 존재가 된다.

_팀 버튼 감독, 〈빅 피쉬〉

내가 죽으면 어떤 이야기로 남을까. 입버릇처럼 읊는 향유와 축제, 자족과 청빈, 초록과 생명의 이야기로 남을까, 아니면 집에서 종종 보이듯 부족한 인격이 덕지덕지 묻어난 짜증과 '버럭'의 이야기로 남을까.

한국의 대다수 부모들이 죽으면 자녀들에게 어떤 이야기로 불멸할까. "공부해라", "좋은 대학 가야지"란 말로 영원히 환생한다면 한 편의 잔혹극이 아닐까?

예수에 대한 의리

못합니다. 못합니다. 그리스도의 신부는 다른 신에게 정절을 깨뜨리지 못합니다. 이 몸이 어려서 예수 안에서 자라났고 예수께 헌신하기로 열 번 백 번 맹세했습니다. 예수의 이름으로 밥 얻어먹고 영광을 받다가 하나님의 계명이 깨어지고 예수의 이름이 땅에 떨어지게 되는 오늘 이 몸이 어찌 구구도생苟苟盜生 피할 줄이 있으랴!

_주기철, 〈오종목의 나의 기원〉

일제강점기 신사참배를 반대하다가 순교한 주기철 목사. 그가 모진 고문 후에 잠시 풀려나서 1939년 2월에 산정현교회에서 행한 마지막 설교가 다섯 가지 기도라는 뜻의 '오종목五種目의 나의 기원'이다.

이 역사적인 설교에서 나는 다른 허다한 감동적인 대목을 마다하고 하필 예수 이름으로 밥 얻어먹고 이름 날리다가 예수 이름이 땅에 졌다고 배신할 수 없다는 대목에 밑줄을 그었다.

예수 믿고 구원받고 영생 복락 누린 것은 차치하고서라도 나 같이 예수 덕에 밥벌이하고 예수 덕에 대접받고 사는 치들은 인

내 삶을 바꾼 한 구절

간적인 차원에서라도 배은망덕해선 안 된다.

이건 신앙을 떠나 의리의 문제가 아닌가.

스스로 살 수 없는 하나님

성육신의 경이는 주님이 평상의 유년시절을 보낸 데 있다.

_오스왈드 챔버스, 《주님은 나의 최고봉》

부끄러운 말이지만 아비가 되기 전엔 성육신을 몰랐다. 중세 신학자 안셀무스Anselmus의 책 제목이 보여주듯 《왜 신이 사람이 되셨는가Cur Deo Homo》 하며 느꺼워한 것은 네 번이나 아버지가 되고 나서였다. 졸저 《욕쟁이 예수》에 그 감격이 고스란히 담겨 있어서 옮겨본다.

자궁 가진, 산파이신, 젖가슴 지닌 하나님 '어머니'의 모습처럼 푸근한 것도 없었지만, 십 년에 걸쳐 네 번이나 아버지가 되는 특권을 누리는 동안 이내 삶에 가장 깊이 새겨진 하나님은 단연코 '아기 하나님'이었다. 아이가 하나씩 늘어날 적마다 "스스로 계신"(출 3:14) 분이 "스스로 살 수 없는" 신생아로 오신 것보다 더 큰 신비가 있을지 탄복하곤 했다. 마리아와 요셉을 죽이기도 하시고 살리기도 하시는 분(삼상 2:6)이 자신의 생사여탈권을 되레 그들에게 넘겨준 역설을 어떻게 설명해야 하는 것일까. 묵상

시간에 대개는 잠자고 있기 일쑤인 우리의 상상력을 조금만 더 가동해보면 하나님이 아기로 오셨다는 그 익숙한 사실이 얼마나 경악스러운 일인지를 깨닫게 된다.

　우리를 신령한 젖과 땅의 소산으로 친히 먹이시는 엘 샤다이(젖가슴을 지닌 하나님)의 하나님이 한 여인의 젖을 빨아 생존과 성장을 도모한 이 역설, 우리의 모든 언행심사를 불꽃 같은 눈으로 감찰하시는 엘로이(하나님이 감찰하시다)의 하나님이 요람에 눕혀져 그 몸짓 하나 하나가 육신의 부모에게 감찰되는 역설을 어떻게 설명해야 하는 것일까. 우리의 모든 허물을 씻기신 여호와 카데쉬(여호와가 거룩하게 하시다)의 하나님이 사람의 손에 의해 몸이 씻기고 똥오줌이 닦이는 역설, 인간의 모든 쓸 것을 채워주시는 여호와 이레(여호와가 준비하신다)의 하나님이 인간 부모의 손에 모든 필요를 공급받게 된 역설, 인간에게 평화를 주시는 여호와 샬롬(하나님은 평강이다)의 하나님이 사람의 자장가를 들으며 평화롭게 잠든 이 역설을 대체 어떻게 설명해야 하는가?

　더욱 기가 막힌 것은 예수님께서 아기로 오시되 하늘에서 툭 떨어진 옥동자로 오신 것이 아니라 여자의 배 속에서 열 달 동안 지음을 받았다는 것이다. 온 세상의 창조주이신 분이 친히 오장육부를 지어준(시 139:13) 인간에 의해 다시 오장육부를 지음 받은 것이다! 생명의 근원이 되신 그분께서 여자의 자궁 안에서 2개월에 2센티미터, 3개월에 9센티미터 하는 식으로 자라나는 과정을 거친 이 신비 앞에 말문이 막히는 것은 나만이 아닐 것이다. 더구나 잘못되면 세상 빛도 못 보고 유산될 수도 있는, 게다가 이 악한 세대에는 쉽게 지워질 수 있는 태아로 오셨다는 사실 앞에 엄숙해지지 않을 사람은 없으리라. 오스왈드 챔버스는 《주님은 나의 최고봉》에서 성육신의 경이는 주님이 평상의 유년시절을 보낸 데 있다고 했지만, 내 보기에 성육신의 최고봉은 주님이 태아로 양수 속에서 헤엄치신 데 있다.

사라지게 두라

아침마다 사람들은 각기 필요한 만큼 음식을 거두었습니다. 하지만 해가 높이 떠서 뜨거워지면, 그것이 녹아버렸습니다.

_출애굽기 16장 21절, 쉬운성경

하나님의 지침은 분명하다. 만나를 필요한 만큼만 거두라고 하셨다. 다음날까지 남겨두지 말라고 하셨다. 그런데 어떤 사람들은 더 모으고 남겨서 축적을 도모했다. 거기에 벌레 먹고 악취가 나자 모세가 역정을 냈다. 예나 지금이나 불의한 축적엔 항상 벌레가 끓고 악취가 풍긴다.

의아한 것은, 모두가 필요한 만큼 거둔 뒤에도 만나가 많이 남았다는 것이다. 남은 만나는 아깝게도 해가 뜨면 다 녹아버렸다. 전체 이스라엘 각 사람에게 5오멜(2리터)씩 돌아가도록 정확한 양을 내려주실 수도 있을 텐데 주님은 왜 이렇게 많은 음식물 쓰레기를 허락하셨을까?

나는 이 말씀을 기회 상실에 관한 가르침으로 읽는다. 살다 보면 얼마나 많은 기회가 우리를 스쳐가는지 모른다. 벼르던 물건을 더 싸게 살 수 있는 기회, 뜻깊은 만남을 가질 수 있는 기회, 좋은 집으로 이사 갈 수 있는 기회, 짭짤한 목돈을 만질 수 있는 기회, 상대편에게 멋진 인상을 남길 수 있는 기회, 착한 일을 할 수 있는 기회 등. 이런 기회를 빤히 보면서 그냥 흘려보내는 것만큼 속상한 일도 없다.

그런데 하나님은 말씀하신다. 사라지게 두라고. 실행에 옮기지도 못할 기회를 바리바리 쌓아두면 벌레가 꼬이고 고약한 냄새가 난다고. 오가는 기회에 일희일비 말고 인생이 기회 상실의 연속임을 받아들이라고. 《불편해도 괜찮아》와 《욕망해도 괜찮아》를 쓴 김두식을 흉내 내자면 "놓쳤어도 괜찮아"이다.

내일 쏟아질 만나도 맛나고 넉넉하다.

방언보다 방귀

나는 하루에도 열 번이나 마음이 바뀐다. 그러나 나는 마귀를
대적하고, 종종 방귀를 뀌어서 마귀를 쫓아낸다.

_에릭 그리치, 《루터의 기지》

기독교 개혁(종교개혁이란 말은 종교라곤 기독교만 있었던 당대 유
럽에만 해당하리라)의 기치를 든 하나님의 사람 루터. 하지만
한국에서는 칼뱅에 밀려 행함을 중시하지 않는 그릇된 신앙
의 원조 격으로 여기지기도 한다. 루터의 명예를 회복시키기
위해 그가 방귀쟁이라는 사실을 폭로하는 건 미안한 노릇이
지만, 방귀를 뿡뿡 뀌고 맥주를 즐겨 마신 그의 모습은 술에
대해 '묻지 마' 정죄를 일삼고 육체를 폄하하는 한국 교회에
한 모금 구원이 될 것이다.

　언제 목숨을 잃을지 모르는 기독교 개혁의 살얼음을 걷는 와
중에 "내가 깨어 있는 거의 매일 밤, 마귀는 나와 논쟁하려고 했
다. 나는 다음 결론에 도달했다. 그리스도인이 율법 없이 존재
하는가, 율법 위에 존재하는가를 따지는 논쟁이 무익할 때는 즉
시 방귀로 마귀를 쫓아버린다"고 농을 할 수 있는 여유는 어지

간한 내공이 아니면 나올 수 없다. 보름스에서 만나자는 가톨릭 측의 제안을 놓고 주위에선 루터를 해하려는 교황의 꼼수라며 다들 말렸지만, "악마가 보름스의 기왓장보다 더 많다고 해도 가리라" 했던 루터의 기백은 그의 믿음을 넉넉히 시연한다.

그런데 혹시 루터의 저 믿음은 기왓장보다 더 많은 방귀를 뀔 수 있다는 믿음에 기인한 것은 아닐까? 축사의 권능은 고사하고 방언과 예언은커녕 방귀만 나오는 나 같은 하수를 위해, 이제 교회는 '방귀의 은사'를 계발해서라도 마귀를 쫓도록 허하라!

출애굽은 모든 나라의 경험이다

주께서 말씀하셨다. 오, 이스라엘 백성아, 너희들이 나에게 구
스 족속보다 더 나을 것이 무엇이냐? 내가 너희 이스라엘 백성
을 애굽 땅에서 이끌어내온 것과 똑같이 다른 백성들을 위해서
도 하지 않았느냐? 블레셋 족속도 내가 갑돌에서 이끌어내었
고, 아람 족속도 내가 길에서 이끌어내었다.

_아모스 9장 7절, 현대어성경

브루스 버치Bruce Birch 교수는 아모스서 주해에서 이스라엘이
하나님의 은혜에 대한 배타적 권리를 주장할 수 없다고 말한다.
그는 하나님의 일하심이 이스라엘에 제한되지 않는다고 잘라
말한다. 실제로 아모스는 과감하게도 이스라엘의 숙적 블레셋
이나 아람 족속의 이주를 출애굽 구원 사건과 동등한 하나님의
은혜로 취급한다.

　하나님이 이스라엘에게 베푼 은혜를 이스라엘의 원수이자 우
상을 숭배하는 다른 민족들에게도 동일하게 베푸셨다면, 오늘
날 교회를 대적하는 자들에게 베푸시는 하나님의 인도하심도
똑같이 평가해줄 수 있어야 한다. 하지만 이스라엘이 아브라함

의 자손이라는 선민의식에서 벗어나지 못했던 것처럼 이 시대의 그리스도인들도 배타성에서 벗어나지 못하고 있다. 교회는 분명 구별된 그리스도의 몸이지만, 하나님의 일하심은 제도적인 교회에 갇히지 않으신다.

깽깽이풀

세상 모든 주부에게

어제의 노고를 무無로 돌리고 밤사이에 정확하게 제자리로 돌아
와 쌓여 있는 여자의 일, 일, 또 일. 빨래거리, 연탄불 갈기, 먹을
것 장만하기, 청소 등 어젯밤에 분명히 다 끝낸 줄 알고 자리에
들었건만 아침이면 정확히 어제 아침만한 부피로 돌아와 쌓여
있는 일과의 영원한 일진일퇴一進一退의 싸움질, 시쉬포스의 신
화는 바로 다름 아닌 여자의 이 허망한 노고를 이름이렷다.

_박완서, 〈봄에의 열망〉

가족과 보내는 시간을 격하게 아낀다. 화초와 텃밭 가꾸는 걸
좋아라 한다. 네 아이를 낳을 적마다 매번 산후조리를 했다. 그
래, 이런 이유로 살림이 나랑 잘 맞을 거라 생각했다. 언젠가 안
해에게 내가 애들 키우며 책 쓸 테니 당신이 나가 돈 벌어오란
적도 있다(겁도 없이). 근데, 그게 현실이 됐다. 안해가 동네 병원
에서 늦깎이 간호사로 일을 하면서 내가 집에 들어앉아 반쪽 주
부 노릇을 하게 됐다. 아침에 일어나 네 아이를 깨워 먹이고 씻
기고 입혀서 학교에 보내는 것은 괜찮다. 애들을 하나씩 학교와
유치원에 보내고 늦은 아침을 한술 뜨고 설거지와 청소를 하는

내 삶을 바꾼 한 구절

것까지도 참을 만하다. 근데 오후에도 애들을 돌보느라 아무 데도 가지 못하고 집에 계속 붙어 있어야 하는 날이 이어지면서 때론 가슴에 천불이 나는 것 같다. 1년 6개월 넘게 이런 생활이 이어지자 집안일이 지긋지긋하게 느껴질 때도 많다. 게다가 마흔 중순으로 달려가는 나이라 그런지 애들을 돌보는 게 슬슬 힘이 부치고, 어떡하면 집안일에서 발을 뺄 수 있을지 꾀만 난다.

돌아보니 자신을 몰랐다. 몰라도 너무 몰랐다. 두 달짜리 산후조리야 기분 전환으로 할 수도 있고 훈련소에 들어간 신병의 각오로 해낼 수도 있겠지만, 장기적으로 살림을 맡아서 하는 건 어설픈 나의 내공으로 해낼 일이 아님을 절절히 깨닫는다. 안해는 늘 반복되는 집안일이 내게 안 맞을 줄 알았다며 싱그레 웃는다. 하지만 어쩌랴. 아이를 넷이나 낳은 책임을 다할 수밖에. 이럴 때마다 박완서 선생의 글이 훌쩍 의식의 수면 위로 떠오른다.

《헬렌 니어링의 소박한 밥상》에 보면 19세기 중순에 나온 〈시골 아낙들에게 보내는 편지〉의 한 대목이 인용되어 있는데 참으로 주부의 노고는 동서고금이 따로 없었나보다.

일주일은 쳇바퀴처럼 돈다. 세탁, 빵 굽기, 다림질, 과실 말리

기, 옷 거풍하기, 바느질, 청소, 다시 굽고 치우기, 그렇게 한 주
일 한 주일이 흘러간다. 우리는 요리해서 먹이고, 요리하고 치
우고, 쓸고 닦으며 평생을 보낸다. 무덤가에 가서나 가재도구를
놓으려나! (…) 그대는 굽고, 끓이고, 튀기고, 국물을 내고, 걱정
하고 힘들여 일한다. 마치 사람들이 얼마나 먹을 수 있는지 알
아내는 게 세상 사는 목적인 것 같지 않은가.

그러고 보니 벌써 4년 전이다. 넷째를 낳고 산후조리를 하면서
마치 오늘 내 신세를 예언이라도 하듯 이런 글을 쓴 적이 있다.

갓 태어난 넷째 애바라지에
여덟 식구 뒷바라지로 고단한 요즘은

설거지감도 잔뜩 쌓아놓고
빨랫감도 걍 내버려두고
창가로 드는 햇살을 이고
그냥 엎어져 있고 싶다.
산후조리를 네 번이나 도맡아 하면서도

매번 새삼스러운 것은,
평소에 집안일을 아무리 많이 거들어도
돕는 거랑 전담하는 것은 완전 다르다는 것이다.

매일처럼 반복되는 이 단순무지한 일과란
얼마나 지루하며 얼마나 무미건조한가.
세상의 모든 주부에게 진심 어린 존경을 표한다.

확실히 영성의 길은 '왕의 길*via regia*'이 아닌
'노동의 길*via laborosa*'이다.

만약 누군가가 집안일을 성직으로 알고
자신의 일터인 집을 성소로 삼아
이 뻔한 일과를 주께 하듯 할 수 있다면
그 사람은 영성의 최고봉에 이른 것이다.

이런 까닭에 부엌데기였던 로렌스 형제가 보여준
《하나님의 임재 연습》이 퍽이나 간절한 요즈막이다.

복주머니난

신발 끈 매는 걸 보러 가다

성城을 공격하여 돌파한다. 사절로서 외국에 나가서 담판한다.
한 국민을 통치한다 하는 것은 찬란한 행동이다. 자기 식구들과
자기 자신을 부드럽고 올바르게 꾸지람하고, 웃으며, 팔고 사
며, 사랑하고, 미워하며, 교섭하고, 되는 대로 일하지 않고, 자기
말을 어기지 않는 것. 이런 일은 그리 드러나 보이지 않지만 더
드물고 어렵다.

_미셸 드 몽테뉴, 《몽테뉴 수상록》

내가 입 아프게 말하듯 영웅적인 업적을 이룸보다 일상을 아름
답게 살아냄이 더 위대하다. 단정적인 데가 없진 않지만 소소한
일상의 몸짓을 어떻게 수행하느냐를 보면 그 사람의 영성이 보
인다. 틱낫한의 책 《마음에는 평화 얼굴에는 미소》에 실린 하시
디즘(유대교 신비주의의 한 분파) 성자의 말은 뭔가 뭉클한 데가
있다.

내가 메즈리츠의 랍비를 만나러 간 것은 그에게서 율법을 배우
려 함이 아니고 그가 신발끈 매는 것을 지켜보기 위함이었다.

근데 몽테뉴에게는 아쉽게도 좀 단정적인 데가 있다. 이를테면 이렇게 말하는 대목이 그렇다.

개인적이거나 독특한 패션으로 관심을 끌려고 드는 것이 옹졸한 마음의 상징이듯이, 연설도 그와 똑같다. 새로운 표현이나 널리 쓰이지 않는 단어들을 추구하려는 욕망은 신출내기 학교 선생 같은 야망에서 나오는 것이다.

히피나 보헤미안 풍의 옷을 즐겨 입는단 이유로 어쩔 수 없이 튀어 보이는 사람은 그저 옹졸해서 그런 것만은 아니다. 또한 글을 쓰다가 가슴을 고스란히 부어낸 단어나 참신한 표현을 찾을 때면 신대륙을 발견한 것보다 더 기뻐하는 작가가 신출내기라서 그런 건만은 아니다.

　몽테뉴를 좋아하고 그의 《수상록》을 높이 사지만 이럴 땐 꼰대스러운 면이 없지 않다. 패션을 포함한 취향이 영성의 가장 깊은 표현일 수도 있고, 형용사 하나에서 우주의 차이를 볼 수도 있는 것이 아니겠는가.

책 읽기의 회심

독서를 한다고 해도 그것은 생활의 일부이다. 책읽기가 아무리
중요한 일이라 해도 생활 전체에서 보면 일부에 지나지 않는다.
그러나 아무래도 독서를 생활 속의 모든 일 가운데 가장 높은
자리에 놓지 않으면 내켜지지 않는 사람들도 있는 것 같다. 속
독파가 아닌 사람 중에도 그런 사람이 있다. 책벌레라 불리는
사람들이다.

_야마무라 오사무, 《천천히 읽기를 권함》

나는 누구보다도 책을 좋아하고, 어느 때곤 무엇을 읽고 있지
않으면 공허함을 느낄 정도로 '활자 중독'에 빠진 사람이다.
이 책을 쓴 이유도 독자들이 조금이라도 책을 더 가까이하기
를 바라기 때문이지만 독서도 생활의 일부임을 놓치고 싶지
않다. 독서 때문에 삶의 다른 갈피를 설렁설렁 넘어간다면 또
다른 전체주의리라. 매력적인 책《천천히 읽기를 권함》의 저
자 야마무라 오사무는 고다 로한이라는 사람의《노력론》을 인
용해 이 점을 짚고 있다.

식사를 하면서 책을 읽고 신문을 보는 것은 누구나 하는 일이지만, 사실 바람직한 모습은 아니다. 그렇기 때문에 제대로 된 책을 읽을 수도 없고, 또 평생 감자가 익었는지 어땠는지도 모를 만큼 세상 물정에 어두운 채로 끝나버린다. 식사 시간에는 차분한 마음으로 식사를 하고, 밥이 된지 무른지, 국이 짠지 싱거운지 알맞게 된 건지, 무슨 생선을 조렸는지, 신선한지 묵은 건지 상해가는지, 그런 일들이 모두 명약관화하게 마음에 비치듯 온 마음으로 식사하는 것이 좋다. 그러므로 아케치 미쓰히데明智光秀(1528~1582)가 잎으로 싼 찹쌀떡을 잎도 벗기지 않고 먹어버린 일 같은 것은, 바로 미쓰히데가 오랫동안 천하를 거느릴 수 없음을 말해준다고 평한들 어쩔 수 없는 노릇이다.

저자의 말대로 "분명히 먹는 것과 읽는 것은 서로 많이 닮았다." 식사가 영양 섭취만을 위한 것이 아니듯 독서도 지식 섭취만을 위한 것은 아니다. 책갈피에서 삶의 갈피를 만지려면 천천히 읽을 수밖에 없다.

속독 대신 완독도 좋지만, 아예 책을 덮는 휴독休讀도 필요하다. 장 그르니에도 이를《일상적인 삶》에서 확인해준다. 그는 독서 자체가 정신에 때를 끼게 하는 행위이므로 가끔 독서를 멈춤이 필요하다고 말한다. 이때 휴독이 질 좋은 이태리타월의 역할을 해줌은 물론이다. 심지어 화가 드가Degas는 두 시간 정도 책을 덮고 침묵하지 않으면 아무 발전이 없다고까지 했다.

애착을 갖는 일일수록 단절이 필수적이다. 우리는 독서에서도 안식의 계명이 유효함을 발견한다.

동자꽃

전쟁을 부르는 경제

우리가 아이들에게 (그리고 우리 자신에게) 가장 먼저 가르쳐야
할 것은, 우리가 무한정 쓰고 소비할 수 없다는 사실이다. 우리
는 절약하고 보존하는 것을 배워야 한다. 우리에겐 과잉과 낭비
가 아닌 검약과 돌봄, 절약과 보존에 기초한 '새로운 경제new
economy'가 너무나도 필요하다. 낭비에 근거한 경제는 본래부
터 어쩔 수 없을 정도로 폭력적이며, 전쟁은 그 필연적인 부산
물이다. 우리는 평화로운 경제peaceable economy가 필요하다.

_웬델 베리, "공포 속에서의 사색"

시인이자 사상가이며 켄터키의 생태 농부이자 우리 시대의 선
지자인 웬델 베리가 이 글을 쓴 것은 9.11이 터지고 채 얼마 되
지 않아서였다. 이성을 되찾자는 말만 해도 돌이 날아올 상황에
서 누구보다 용감한 글을 썼고, 이 글만큼 테러의 본질을 제대
로 간파한 명문도 없다.

왜 웬델 베리는 테러리즘에 대한 글을 쓰면서 경제 이야기로
결론을 맺는가? 세계 인구의 고작 5퍼센트를 차지하는 미국인
들이 전 지구의 물자와 에너지를 30퍼센트나 넘게 소모하는 것

은 사치와 허영에 기초한 폭력의 경제이다. 과잉 풍요를 포기하지 않는 한 다른 나라를 억압하고 착취할 수밖에 없고, 그 응분의 대가인 테러의 위협에서 결코 자유로울 수 없다는 것이다. 이런 점에서 9.11을 비롯한 반미 테러는 다분히 자업자득이다.

언젠가 권정생 선생이 월간 〈작은책〉에서 "승용차를 버려야 파병도 안 할 수 있다"고 하신 게 생각난다(캐나다 유학 시절 멘토였던 브라이언 월시는 2003년 부시가 이라크를 침공하자 "이제 우리가 쓰는 기름은 이라크 사람들의 피"라며 몰던 차를 팔아버렸다). 이에 온라인 언론 〈오마이뉴스〉 기자가 너무 이상적인 얘기가 아니냐고 되묻자 권정생 선생은 이렇게 답한다.

그 사람들 그렇게 생각하면 할 수 없는 거지요. 우리가 좀 불편하게 살아야 해요. 가난하게 살아야 되고 힘들게 살아야지 안 그러고 편하고 풍요롭게 산다는 건 그건 안 됩니다. 그렇게 살면 누군가는 힘들게 살아야 하잖아요. 세상의 모든 물질이 한정되어 있는데, 몇 사람이 풍요롭게 살면 나머지는 가난하고 고통스럽게 살아야 하잖아요. 뭐 도와준다고 몇 푼 갖다준다고 그거 가지고 됩니까? 어디 계시더라도 좀 힘들게 살더라도 가난하게 살아야 됩니다. 그건 이상도 아니고 꿈도 아니고 현실이잖아요. 아프리카 아이들 불쌍하다느니, 이라크 아이들 죽어가는 것 뭐 어쩌고 걱정하고 몇 푼 가지고 보태주는 것 그거 가지고는 안 됩니다. 미국의 인구가 전 세계 인구의 한 5%도 채 안 되거든 요. 그런데 전 세계 모든 자원의 한 50%를 다 미국이 소비하고 있거든요. 저건 안 되지요. 저건 악마지요. 우리도 미국 따라 그 렇게 해서는 안 되잖아. 제발 미국한테 기대가지고 그 비싼 무 기 사다가 괜히 우리끼리 저렇게 죽이고 하지 말고. 아이구, 고 등학교 대학에서 그런 거 안 배웁니까? 도대체 대학에서 무얼 배우는 줄 모르겠어. (깊은 한숨)

_정병진, "좀 힘들더라도 가난하게 살아야 합니다"

웬델 베리나 권정생이나 선지자들의 생각은 동서양과 유무학有無學을 막론하고 어쩜 이리 같을까. 권정생 선생이《우리들의 하느님》에서 쓴 대목이 꼬리를 물며 떠오른다.

식민지와 분단과 전쟁과 굶주림, 그 속에서도 과연 인간이 인 간답게 살 수 있을까. 앞서간다는 선진국은 한층 더 심하다.

그들은 침략과 약탈과 파괴와 살인을 한 대가로 얻은 풍요를 누리는 천사처럼 보이는 악마일 따름이다. 우리 인간이 인간다워지기 위해서는 선진과 후진이 없어야 한다. 물론 우리나라의 경우 인위적으로 만들어진 분단도 하루속히 무너뜨려야 한다. 경제적 후진만으로 부끄러워할 이유가 없다. 기름진 고깃국을 먹은 뱃속과 보리밥을 먹은 뱃속의 차이로 인간의 위아래가 구분지어지는 것 자체가 부끄러운 것이다. 약탈과 살인으로 살찐 육체보다 성실하게 거둔 곡식으로 깨끗하게 살아가는 정신이야말로 참다운 인간의 길이 아닐까.

탐욕과 약탈 위에 서 있던 제국 치하에서 태어난 주님이 전했던 복음이 바로 이것이리라. 제국의 복음을 받들면서 주님을 믿는다고 하는 것이 오늘날 기독교의 근본 모순이 아닐까.

유목이라는 전쟁기계

> 기존의 종교들은 정주를 이상으로 강요하고 유목적 성분들보다
> 는 정주적 성분들을 더 중시했다.
>
> _질 들뢰즈, 《천 개의 고원》

30대를 통과하는 동안, 내게 성서 다음으로 큰 영감을 준 것은
《천 개의 고원》 등에서 만난 유목민적 사유였다.

땅과 맺고 있는 관계를 놓고 볼 때 사람을 크게 정주민定住民
과 유목민이라는 대척어로 구분할 수 있다. 아주 먼 옛날부터
유목은 정주定住와 더불어 지배적 삶의 양식 중 하나였지만, 정
주민 중심의 역사를 배워온 우리는 유목이라는 삶의 양식에 대
해서는 '고달픔'과 같은 낡은 이미지 몇 개만을 호출할 뿐이다.
정주민이 땅을 제패한 지 오래됐고, 유목을 아직도 생존 방식
으로 삼고 있는 소수 민족은 보호구역에 갇힌 북미 원주민처럼
연명하는 마당에, '유목'이란 퀴퀴한 말을 꺼내는 까닭은 무엇
인가?

그것은 유목이 우리 예수 믿는 치들에게 대안적 삶의 방식으
로 부활해야 한다고 믿기 때문이다. 사실 기독교는 유목과 집시

를 마뜩찮게 여겼다. 생산양식으로서의 유목만 아니라 삶에 임하는 자세로서의 유목에 대해서도 그러했다. 들뢰즈와 가타리 Félix Guattari는 종교가 안정성의 추구와 불가분의 관계를 맺고 있었으며, 정주를 이상으로 강요하고 유목적 성분보다 정주적 성분을 중시했다고 짚어낸다. 물리적으로든 정서적으로든, 어디인가에 머물지 않는 이들의 신앙심을 수렴해서 강력한 종교 권력을 수립하기가 불가능하다는 것을 떠올려본다면, 이는 어렵지 않게 짐작할 수 있는 대목이다.

유목적 그리스도인은 제도화·화석화된 교계에 반反한다. 종교 권력이 점령한 '영토'를 '탈영토화'한다. 믿음 좋은 그리스도인의 삶이 어떠해야 한다는 '코드화된' 기독교를 전복한다. 그들은 우리 세대의 성상파괴주의자iconoclast이며, 정주적 기독교와 싸우는 하나의 '전쟁기계'이다. 하지만 이는 파괴의 전쟁이 아니라 창조의 전쟁이다. 니체가 말한 것처럼 좋은 전쟁에서는 화약 냄새가 나지 않는 법이다. '그리스도의 군사'라는 바울의 메타포는 이제 유목 전사nomadic warriors로 재해석되어야 한다.

지난 2천 년간 유목적 신앙을 택한 이들은, 절대적인 종교 권력과 난공불락의 종교 관습이라는 대타자大他者를 부정하면서 어디에든 귀착되지 않는 삶을 살아내려고 몸부림쳐왔다. 그러한 영적 유목의 계보는 주류의 그것처럼 화려하지는 않지만 작금에 이르기까지 끊어지지 않고 잔잔하게, 그리고 묵묵하게 흘러내려오고 있다. 역사적으로 스텝(초원)이 탐욕과 축적을 도모하는 정주 문명의 해방구로 작용했듯이 유목적 그리스도인들은 정주적 기독교가 질식의 위기에 있을 적마다 숨통을 트는 역할을 해왔다.

오늘, 꽉 막힌 교회에 성령의 숨길을 시원스레 열어줄 이들은 어디에 있는가.

하늘에 뿌리내린 자들

> 유목민들은 열대지방의 풍란처럼 뿌리를 내릴 지면이 없어 그
> 뿌리를 하늘에 내리게 된 것이다.
>
> _콘스탄틴 버질 게오르규, 《마호메트 평전》

《25시Ora 25》의 작가이자 그리스 정교회 신부인 게오르규가 쓴
책이다. 오늘날 서구와 아랍이 걸핏하면 충돌해서 헌팅턴의 어
깨를 으쓱하게 해주고 있지만, 게오르규는 1960년대에 이미 개
신교와 이슬람교의 대립을 내다보고 《루터 평전》과 《마호메트
평전》을 써서 서로에 대한 이해와 화평을 도모했다.

내 기억이 옳다면 이 책은 70년대에 《마호메트의 생애》란 제
목을 달고 나왔다가 사라졌고, 이슬람 열풍을 맞아 2002년 재출
간됐지만 다시 절판됐다. 우연히 접한 이 책에서 내가 눈을 반
짝인 대목은 사막, 유목민, 유일신 신앙의 관계성을 다룬 문장
들이었다. "사막의 한가운데서 신과 조우하게 되면 사람은 이미
신을 버릴 수 없다"는 구절은 아직도 기억이 생생하다.

나는 게오르규보다 더 유목을 아름답게 표현한 글을 알지 못
한다. 과연 유목적 그리스도인은 땅의 소유에 뿌리를 내리지 않

내 삶을 바꾼 한 구절

고 땅의 사람들에게 보이지 않는 하늘의 젖줄에 뿌리를 내리는 사람들이다. 다시 그에게 기대자면, "신에 대한 신앙은 식물과는 달리 풍요로운 땅보다도 사막과 같은 거친 땅에 깊이 뿌리박는다."

축제연출가 하나님

즐겁게 매일 밥을 먹고 기분 좋게 네 포도주를 마셔라! 하나님
께서는 이미 그렇게 살도록 정해놓으시고 그것을 좋아하고 계
신다. 옷은 항상 깨끗하게 입고 머리에는 향기로운 기름을 발라
언제나 축제날 같은 인생을 살아라. 짧은 인생을 살아가는 동안
사랑하는 아내와 함께 하루하루를 즐겁게 살아라.

_전도서 9장 7-9절, 현대어성경

"헛되고 헛되니 모든 것이 헛되다"로 유명한 전도서가 뜬금없이
축제 타령이라니! 실은 새로울 게 없다. 토니 캄폴로가 《하나님
나라는 파티입니다》에서 보여줬듯이 창세기부터 계시록까지 성
경 전체를 관통하고 있는 지배적인 이미지 중의 하나가 잔치와
축제다.

　예수는 잔치가 중단되지 않도록 하기 위해 물을 포도주로 바
꾸는 이적을 베푼 것(The party must go on!)도 모자라 가는 곳
마다 죄인들과 흥겨운 파티를 열었다. 오죽하면 먹보와 술꾼이
란 별명이 생겼을까. 그의 가르침도 축제의 비유로 가득했다.
돌아온 탕자의 아버지는 아들을 위해 잔치를 열었고, 잃어버린

양과 드라크마(고대 그리스의 은화)를 되찾은 이들도 잔치를 즐겼다고 가르쳤다.

그의 추종자들도 축제 옹호자였다. 바울과 실라는 감옥에서 찬미로 축제 분위기를 연출하여 나중에는 간수와 그 가정의 삶을 송두리째 바꿔놓았다. 계시록을 쓴 요한은 우리가 예수를 구주로 모시는 것을 그분이 내게로 들어와 더불어 먹는 잔치로 표현했고, 이 잔치를 땅에서 계속 맛보는 이들은 훗날 더 이상 눈물과 슬픔이 없는 천국의 혼인 잔치에 초대될 것이라고 믿었다.

혹자는 '예수' 하면 고난이지 축제는 아니지 않느냐고 반문한다. 성경은 우리에게 예수의 두 얼굴을 보여준다. 하나는 선지자 이사야가 "간고와 질고의 사람"이라 불렀던 얼굴이고, 다른 하나는 신랑이 머무는 동안은 잔치를 즐겨야 한다고 말했던 파티 보이partyer의 얼굴이다.

당시 정치는 타락했고 경제는 파탄했다. 절대 다수의 백성들이 하루 벌어 하루 먹고 살기도 어려운 상황이었다. 희망을 주어야 할 종교는 어떠했는가. 성전은 시장통보다 더 더러웠고, 사두개파나 바리새파 같은 종교 지도자들은 각각 종교 권력과 신앙적 나르시시즘에 도취됐다. 그때 예수는 암울한 세상에서 노예와 방불한 삶을 마지못해 사는 이들에게 찾아와 한바탕 잔치를 벌였다. 구원이 선포되고 병이 낫고 귀신이 도망가고 함께 먹고 마시는 기쁨이 넘쳤다. 그분이 가는 곳마다 파티가 열리고 축제가 시작됐다!

하나님은 우리를 당신의 형상을 따라 '축제하는 인간*homo fes-tivus*'으로 지으셨기에 주님이 주시려는 풍성한 생명을 누리기 위해선 축전祝典이 필수이다. 또한 축제가 가져다주는 선물인 자유로운 자기표현은 영성 계발은 물론 치유 사역의 고갱이이기도 하다. 고질적인 영육 이원론을 극복하기 위해서라도 몸과 영이 기쁨 가운데 '한몸'을 이루는 축제적 요소가 우리 삶에 늘 깃들어 있어야 한다. 그래서일까, 축제가 없는 교회는 쇠락하고 축제가 넘치는 교회는 흥왕함을 목도하고 있다.

예수님이 나사로, 마르다, 마리아의 집에 갈 적마다 슬픔의 집(베다니)이 축제의 집으로 바뀌었다. 축제 연출가로서 그분의 형상이 우리 안에 충만히 회복되기를 비손한다.

꿀 타지 않은 일상

일상의 신학이란 것이 일상을 축일로 바꿀 수 있다고 여겨서는
안 되겠다. 일상을 축제로 바꿀 수도 없지만 바꿔놓아서도 안
된다. 일상은 꿀도 타지 않고 미화하지도 않은 채 견디어내야
한다.

_칼 라너, 《일상》

전통적으로 그리스도교에서 일상을 보는 관점에는 두 가지가
있다. "언제나 축제날 같은 인생을 살아라"(전 9:7, 현대어성경)에
서 제시하듯 일상을 축제로 사는 것이 그 하나요, "내일 일을 위
하여 염려하지 말라. 내일 일은 내일이 염려할 것이요 한 날의
괴로움은 그 날로 족하니라"(마 6:34)에서 보여주듯 일상을 의무
로 사는 것이 다른 하나다. 첫 번째 관점은 '축제의 영성'을 통해
뒷받침 되고, 두 번째 것은 '노동의 영성'을 통해 힘을 얻는다.
 2000년대 들어 일상신학이 많은 조명을 받고 있는데 분도소
책 1호로 나온 칼 라너의 《일상》을 빼놓을 수가 없다. 라너는 작
심한 듯 '축제로서의 일상론'을 공격한다. 일상은 축제로 바꿀
수도 없고 바꿔서도 안 된다고 단언한다. 일상은 늘 그렇듯 고

달프고 단조로울 것이며 그런 일상을 그대로 견디는 것이 그리스도인의 사명임을 강변한다. 암울하다. 하지만 라너는 흔들리지 않는다. 그런 일상에서 낙담하고 주저앉는 것은 당연할 뿐 아니라 마땅한 일이라며 입을 앙다문다.

한국 교회에서 나만큼 '향유와 축제의 영성'을 떠벌리고 다닌 사람도 없을 거다. 하나님나라는 헌신과 충성 이전에 누림과 즐김이라고 글로, 삶으로, 강연으로 기회만 닿으면 외쳤다. 제법 큰 반향도 있었고, 그 덕인지 〈목회와 신학〉에서 선정한 명강사 237인에 꼽히기도 했다. 그런데 향유와 축제만으로 우리네 일상을 다 설명할 수도 다 살아낼 수도 없다. 그래서 균형감을 갖게 해주는 라너의 쓴소리가 고맙다.

기독교 신앙이 애초에 하늘과 땅, 영혼과 육체, 복음과 상황의 긴장을 유지하는 것이듯, 축제로서의 일상과 의무로서의 일상의 긴장 사이에서 때로는 위태하고 때로는 스릴 만점인 파도타기를 할 수 있다면, 우리의 일상은 간결하면서도 풍성하고, 단단하면서도 창조적일 수 있으리라.

뿌리가 부끄럽다

나는 20대 중반 이전에는 필리핀 아버지와 어머니에게 진심으로 감사하지 못했다. 자라날 때 나는 우리 부모님의 필리핀식 영어 악센트와 전통 음식에서 나는 '웃긴' 냄새를 수치스럽게 여겼다.

(월남 난민의 자녀인) 그는 자신의 뿌리를 잃어버렸고, 그의 조국은 사라졌다. 그의 부모님은 미국이라 불리는 새 조국에서 발음도 똑바로 못하는 바보였다. 그는 바깥 세상에 홀로 직면해야만 했다.

_후미타카 마츠오카, 《침묵으로부터》

일본 출신의 북미 아시안 신학자 마츠오카 교수의 책에서 뽑은 두 구절이다. 한국에 급증하고 있는 다문화 가정, 이주노동자 가정, 난민 가정의 자녀들이 바로 이러한 심정이리라. 부모는 한국말에 어눌하고 그들의 전통문화는 조롱을 당한다. 사회에서 겪는 멸시와 차별은 일상다반사이다. 부모 세대가 겪는 그러한 아픔이 자녀의 정신세계에 고스란히 전가될 걸 생각하면 가

습이 찢어지는 것 같다. 미국의 한인 여성 신학자인 조원희는
자신의 성장과정을 이렇게 고백했다.

> 북미 백인 문화에 동화되는 것의 중요성이 나의 정신에 끊임없
> 이 새겨졌다. 한국인으로서의 됨됨이Korean-ness와 관련된 모
> 든 것은 열등하고 부정적이라는 말을 듣고 또 들었다. 이 나라
> 에서 살아남는 열쇠는 내 안의 한국적인 면을 죽이는 것이었다.
> _조원희, "차이의 정치학과 아시아계 미국인의 정체성"

자신을 있는 모습 그대로 받아들이지 못하게 할 때 이는 개인과
사회가 겪는 모든 고통의 근원이 된다. 하나님나라란 누구든 자
신을 부끄럽게 여기지 않는 곳, 세상에서 무시당하는 이들이 존
귀한 대접을 받는 곳이 아닐까.

각시붓꽃

생활과 신앙이 하나였던 시절의 기도

가만히 눈을 감기만 해도
기도하는 것이다

왼손으로 오른손을 감싸기만 해도
그렇게 맞잡은 두 손을 가슴 앞에 모으기만 해도
말없이 누군가의 이름을 불러주기만 해도
노을이 질 때 걸음이 멈추기만 해도
꽃 진 자리에서 지난 봄날을 떠올리기만 해도
기도하는 것이다

음식을 오래 씹기만 해도
촛불 한 자루 밝혀놓기만 해도
솔숲을 지나는 바람소리에 귀 기울이기만 해도
갓난아이와 눈을 맞추기만 해도
자동차를 타지 않고 걷기만 해도

섬과 섬 사이를 두 눈으로 이어주기만 해도
그믐달의 어두운 부분을 바라보기만 해도

우리는 기도하는 것이다

바다에 다 와가는 저문 강의 발원지를 상상하기만 해도
별똥별의 앞쪽을 조금만 더 주시하기만 해도
나는 결코 혼자가 아니라는 사실을 받아들이기만 해도
나의 죽음은 언제나 나의 삶과 동행하고 있다는
평범한 진리를 인정하기만 해도
기도하는 것이다

고개 들어 하늘을 우러르며
숨을 천천히 들이마시기만 해도
_이문재, 〈오래된 기도〉

시인이 옳다. 무릎 꿇고, 두 손 모으고, 고개를 조아리고, 눈을
감지 않아도 모든 것에 기도가 있다. 그러고 보면 기독교만큼
기도를 획일적으로 만든 종교도 없다. 특히나 속상한 것은, 기
도조차 효율성의 논리에 의거해 주어진 시간에 최대한 많은 것

을 쏟아내야 '은혜로웠다'는 맘이 들게 했다는 거다. 단 10-20분
도 침묵하지 못하는 이들이 꽃 진 자리에서 지난 봄날을 떠올리
고 섬과 섬 사이를 두 눈으로 이어주는 기도를 생각할 수나 있
을까.

　정홍규 신부가 번역한 〈지구를 위한 할아버지의 기도〉에도
'오래된 기도'가 나온다. 이문재 시인은 아마도 여기에 영감을
받아 위 시를 썼을지도 모른다.

　　할아버지께서는 웃으시며 내 머리를 쓰다듬으셨다. "사람들은
　　가장 아름다운 기도를 하지. 고개를 숙여 꽃의 향기를 맡는 것
　　도 기도가 될 수 있단다." 할아버지께서 말씀하셨다. "조용히
　　해돋이를 바라보거나, 지구가 돌아가고 있음을 느껴보거나, 새
　　로이 시작되는 날에게 안녕이라고 말하는 것은 오래된 기도 중
　　하나란다. "겨울날 눈 덮힌 숲 속에 서서 너의 숨결이 세상의
　　일부분이 되는 것을 느껴보는 것도 기도 중 하나란다. 음악을
　　만들거나 그림을 그리는 것도 기도 중 하나이다. 저녁 식탁에서
　　가족들의 손과 친구들의 손을 잡고 우리들을 함께 있게 해주신
　　것에 대해 감사하는 것도 가장 좋은 기도 중에 하나이지."

그러던 어느 날, 나의 할아버지는 돌아가셨다. 그리고 나는 정말로 열심히 기도했지만 할아버지는 돌아오시지 않았다. 할아버지는 돌아올 수가 없었다. 나는 기도하고, 기도하고, 내가 기도할 수 없을 때까지 또 기도했다. 그리고 나는 아주 오랫동안 기도를 하지 않았다. 할아버지가 안 계신 이 세상은 어둡고 쓸쓸해 보였다.

어느 날 내가 산책을 가기 전까지는 말이다. 나는 키가 큰 나무 아래에 있는 바위를 찾아 그 위에 앉았다. 가지들은 머리 위에서 흔들거렸고 미풍은 나뭇잎 사이에서 속삭였다. 나는 가까이서 시냇물이 흐르는 소리를, 울새가 인동덩굴 사이에서 노래하는 소리를 들었다.

그리고 나는 또 다른 어떤 것을 들었다—산들바람과 새의 노래와 물소리 사이에 있는 무언가를. 나는 기도 소리를 들었다. 지구는 기도하고 있었다. 바로 내 할아버지가 말씀하셨던 것처럼. 그래서 나도 같이 기도했다.

"고마워요"라고 나는 기도했다. "이 나무들과 향긋한 꽃, 단단한 바위들과 노래하는 새, 특히 … 우리 할아버지에 대해."

그리고 나는 기도를 하면서 무언가 바뀐 것을 느꼈다. 할아버

지가 어쩐지 가까이 계시는 것처럼 느껴졌다. 그리고 오랜 시간
이 지난 지금에야, 처음으로 세상이 제대로인 것처럼 보였다.

진정한 기도란 지구의 기도를 들을 줄 아는 이들만이 할 수
있는 것인지도 모른다.

해오라비난초

왜곡된 모정

부모가 이루지 못한 꿈을 대신 이루어주기 위해 공부하는 철난 아이로 만드는 것, 성적이 떨어지면 슬퍼하는 엄마를 보며 죄책감을 느끼는 효자 아이로 만드는 것, 부모의 칭찬과 인정이 사라질까 불안해서 열심히 공부하는 착한 아이로 만드는 것, 자신이 엄마에게 유일한 기쁨인 것 같아서 외롭고 힘들어 보이는 엄마를 늘 걱정하고 살피려는 속 깊은 아이로 만드는 것, 이것이 모두 아이를 포식하는 방법이다. 자신이 가진 것이라고는 아이밖에 없다고 생각하는 삶의 공허를 느끼지 않으려 발버둥치는 엄마들이 하는 일이 바로 아이를 잘 길들여서 삼키는 것이다. 이것이 바로 아이의 성공으로 자신의 삶을 증명하려는 대한민국 엄마들, 아이를 자기 속으로 욱여넣어 자기 마음대로 움직이는 복제물로 만들려는 대한민국 포식자 엄마들의 이야기다.

_이승욱·신희경·김은산, 《대한민국 부모》

문학소녀입네 하던 학창시절, 같은 반 친구들에게 폼 잡으려고 보들레르Baudelaire나 말라르메Mallarmé 같은 상징파 시인과 니체를 들고 다니며 읽었다. 《대한민국 부모》의 위 대목을 읽어 내려가다가 갑자기 삼중당에서 문고판으로 나온 《인간적인, 너무나 인간적인》의 표지와 그 속의 한 구절이 돌아왔다.

어머니는 아들의 친구가 성공하면 질투를 느낀다. 그 이유는, 아들보다 아들의 내부에 존재하는 자기 자신을 사랑하고 있기 때문이다.

당시엔 바울이 일갈한 "자기 몸을 태워 불사르게 내어줄지라도 사랑이 없으면 아무것도 아니라"(고전 13:3)는 구절을 이해하지 못했다. 사랑이 아니고서야 《등신불》 같은 소신공양이 어찌 가능하겠냐는 것이었다. 니체는 그런 내게 눈물겨운 어머니의 헌신도 사랑 없이 행해질 수 있음을 일러주었다. 특별히 가부장제의 그늘에서 자아성취의 길이 모조리 막히고 자식의 성취가 자신의 성취로 여겨지는 사회에서 어머니들은 인격적으로 자식, 특히 '아들'과 미분화된 상태에 놓인다.

교회를 위한 열심과 헌신도 건강하지 못한 자아상을 가진 이들의 도피처가 되곤 한다. 특히 교회 밖에서는 인정받지 못하는 이들이 교역자가 원하는 신앙생활 코드에 따라 칭찬을 받게 되면 스스로를 속이는 상황이 발생하곤 한다.

가엾다. 아들의 성공 말고 자아실현의 다른 방도를 찾지 못한 어머니나 교회에서의 인정 말고 자기 긍정의 다른 길을 찾지 못한 성도나.

넌 작아지니? 난 커지는데!

작아진다 / 자꾸만 작아진다 / (…) / 얼굴 가리고 신문을 보며
세상이 너무 평온하여 작아진다 / 넥타이를 매고 보기 좋게 일
렬로 서서 작아지고 / 모두가 장사를 해 돈 벌 생각을 하며 작
아지고 / 들리지 않는 명령에 귀 기울이며 작아지고 / 제복처럼
같은 말을 되풀이하며 작아지고 / 보이지 않는 적과 싸우며 작
아지고 / 수많은 모임을 갖고 박수를 치며 작아지고 / 권력의
점심을 얻어먹고 이를 쑤시며 작아지고 / 배가 나와 열심히 골
프를 치며 작아지고 / 칵테일파티에 나가 양주를 마시며 작아
지고 / 이제는 너무 커진 아내를 안으며 작아진다 / (…) / 작아
졌다 / 그들은 충분히 작아졌다 / 성명과 직업과 연령만 남고 /
그들은 이제 너무 작아져 보이지 않는다

_김광규, 〈작은 사내들〉

나이를 먹어가며 기성 사회에 함몰되는 인생을 이처럼 잘 표현
한 시가 또 있을까. 연수에 비례해 보수성이 증가하는 건 자연
의 이치라지만 쑨원은 귀밑머리가 하얗게 셀수록 되레 마음이
붉어진다고 했다지. 나도 같은 과인지, 나이를 먹을수록 되레

커지고 아이가 늘어날수록 혁명의 불꽃이 드세진다. 내가 작아지는 건 늘 크신 하나님과 이제는 나보다 더 큰 산이 돼버린 안해 앞에서뿐이다. 그래서 내게는 이 시가 이렇게 읽힌다.

커진다. 자꾸만 커진다.
신문을 보며 불의에 분노하여 커진다
나이 마흔에 레게 머리를 하며 커지고
적게 벌어 적게 쓸 궁리를 하며 커지고
지배적인 목소리를 무시하며 커지고
축제처럼 환호성을 치며 커지고
보이지 않는 정사와 권세와 싸우며 커지고
벗님들과 박장대소를 하며 커지고
권력에 똥침을 놓으며 커지고
다만 갈수록 존경하는 안해를 안으며 겸손해진다
커진다
이름과 직위와 연령을 내버리고
적어도 자신의 삶의 방식을 지켜낼 만큼은 크다

연잎꿩의다리

획일성의 저주

심각한 문제 중 하나가 작물의 종수가 줄어들었다는 것입니다. (…) 우리가 산업농을 하기 전까지만 해도 시골의 농부들이 일년 동안 농사지어서 먹고, 채취하고, 이용하고 한 것이 100종에서 300종 됐다고 그래요. (…) 그런데 오늘날 슈퍼마켓 중심으로 돌아가는 상품시스템을 보면 우리들이 먹는 야채 종류가 20가지를 넘지 않아요. (…) 지구상에 지금까지 알려진 식물종이 (…) 약 35만 종 있다고 그럽니다. 그런데 이 35만 종의 식물 중에서 인간들이 재배해서 먹고 있는 것은 약 3천 종가량 된다고 합니다. 그러면 35만에서 3천을 빼면 숫자가 어떻게 됩니까. 대략 34만7천 종의 식물들을 전부 잡초라고 없애버리는 그런 우를 지금 인류가 범하고 있어요. (…) 저는 잡초라는 말을 안 씁니다. 대신에 저는 야초野草라는 말을 쓰고 있어요. 이 야초는 하나하나가 모두 나름대로 고유한 가치를 갖고 있습니다. 다만 우리들이 아직 그 가치를 잘 몰라요.

_황대권, 《야생초 편지》

피곤할 정도로 다양한 생명의 세계. 나비 한 종만 해도 2만 종류가 넘는다. 셀 수 없이 많은 피조물을 지은 것은 그렇게까지 하지 않고는 하나님의 아름다움, 풍요로움, 그분의 신비와 신성을 다 드러낼 수 없기 때문이다. 그 다양성을 유지하는 데에 우리네 삶의 존속과 풍성함이 달려 있다.

19세기 중반에 아일랜드에 끔찍한 대기근이 있었다는 사실을 아는 사람은 많아도 단일품종 때문에 발생한 마름병에 속수무책으로 당했다는 사실을 아는 사람은 많지 않다. 마을마다 집집마다 전통적으로 이어온 각양 감자를 심었는데 수확량이 많은 단일품종으로 바꾸면서 하루에 70킬로미터씩 번져가는 마름병을 피해갈 수 없었다. 이는 먼 나라 이야기만이 아니다. 우리나라에서 1970년대에 정부가 통일벼를 보급할 때 자생종을 심으면 간첩으로 신고당하기도 했다.

뭇 생명의 생존은 하나님이 의도한 다양성에 의존한다. 그런데 탐욕 때문에 다양성을 획일성으로 바꿔치기하면 죽음이 슬며시 고개를 내민다. 죽음이란 획일성을 숙주로 하는 기생체다. 다양성을 솎아내고 획일성만 남겨놓을 때 죽음도 창궐하는 법이다. 대체 우리는 언제 역사의 교훈을 통해 배울 만큼 똑똑해질까?

가까운 벗이 위인이다

항의 운동의 시작과 함께 우리 집에는 협박 전화와 협박 편지가 쇄도했다. 날이 갈수록 그 양이 점점 늘어가더니 1월 중순에는 하루 3, 40건에 이르렀다. (…)

여러 주가 지나가면서 나는 그런 협박의 대부분이 허튼 장난이 아니라 진지한 것임을 깨닫게 되었다. 그런 생각이 들자 용기가 꺾이면서 불안감이 커져갔다. 어떤 백인 친구에게서 나를 제거하려는 계획이 진행 중이라는 이야기가 있다는 말을 듣고 나자, 나는 그것이 현실이 될 수도 있다는 데 생각이 미쳤다.

어느 날 저녁에 열린 대중 집회에서 나는 자신도 모르는 사이에 이런 연설을 했다. "여러분, 어느 날 제가 죽어 넘어진 모습을 보게 되더라도 절대로 폭력적인 방법으로 보복하지는 마십시오. 지금까지 보여주신 것과 똑같이 위엄과 기강을 가지고 항의 운동을 계속해주실 것을 당부합니다." 청중들 사이에는 이상한 침묵이 맴돌았다.

1월 하순 어느 날 밤의 일이었다. 힘든 하루 일과를 마치고 밤늦게 잠자리에 들었다. 아내는 깊이 잠들어 있었다. 깜박 잠이 들었을 때 전화벨이 울렸다. 수화기를 들자 성난 목소리가 들렸다. "검둥아, 잘 들어. 네놈 때문에 우리는 원하는 것을 몽

땅 빼앗겼어. 다음 주가 되기 전에 네놈은 몽고메리에 온 것을 후회하게 될 거다." 전화를 끊어버린 후에도 나는 잠을 이룰 수 없었다. 당장에 두려움이 온몸으로 퍼져나가서 옴짝달싹할 수 없었다.

나는 침대에서 일어나서 방 안을 걸어 다녔다. 이런 협박을 받은 것이 한두 번이 아니었는데 이상하게도 그날 밤에는 엄청난 공포에 사로잡혔던 것이다. 조바심을 치던 나는 잠을 이루려고 기를 썼지만 헛수고였다. 절망감과 불안감에 시달리던 나는 다시 자리에서 일어나서 부엌으로 가서 커피를 끓였다. '이제 그만 이 일에서 손을 떼야겠다'는 생각이 굳어지고 있었다. 나는 끓여놓은 커피에는 손도 대지 않고 앉아서 비겁하다는 소리를 듣지 않고 이 일에서 빠져나갈 수 있는 방법이 없을까 궁리하기 시작했다. 갓 태어난 귀여운 딸과 깊이 잠들어 있는 헌신적이고 성실한 아내의 얼굴이 떠올랐다. 그녀를 남겨두고 나만 죽을 수도 있고 나를 남겨두고 그녀만 죽을 수도 있는 일 아닌가? '어쩔 수 없다! 이제는 더 이상 일을 계속할 수 없다.' 그 순간의 나란 존재는 나약한 인간일 뿐이었다. 그때 머릿속에서 어떤 목소리가 들려왔다. "지금은 아버지도 어머니도 도움을 주

내 삶을 바꾼 한 구절

187

실 수 없는 때다. 지금이야말로 아버지가 말씀하셨듯이 길이 없는 곳에서 길을 만드시는 주님의 힘에 의지해야 할 때다." 나는 머리를 움켜쥐고 부엌 식탁에 엎드린 채 소리 높여 기도를 올렸다. 그날 밤 주님께 바쳤던 기도는 지금도 기억 속에 생생히 남아 있다. "주여, 저는 옳은 일을 하기 위해서 애를 쓰고 있습니다. 제가 옳은 일을 하고 있다고 믿으며 저의 믿음이 옳다고 생각하고 있습니다. 하지만 주여, 지금 저는 나약해져 있습니다. 용기를 잃고 비틀거리고 있습니다. 두려움에 떨고 있습니다. 이렇게 나약한 모습을 사람들에게 보이고 싶지 않습니다. 저의 나약하고 용기를 잃은 모습을 보게 되면 그들 또한 약해질 것입니다. 사람들은 저의 지도를 바라고 있습니다. 그런데 제가 힘도 용기도 없는 모습으로 그들 앞에 선다면 그들도 역시 용기를 잃을 것입니다. 제 몸에서 모든 기운이 빠져나가서 저에게는 아무 능력도 남아 있지 않습니다. 지금 저는 저 혼자서는 도저히 버틸 수 없는 지점에 도달한 것 같습니다."

그때였다. 머릿속에서 조용히 확신에 찬 목소리가 들려오는 것 같았다. "마틴 루터, 정의를 위해 일어서라. 평등을 위해 일어서라. 진리를 위해 일어서라. 보라, 세상이 끝나는 그날까지 내가 너와 함께 있을 것이다."

　　나는 난생처음으로 주님이 내 곁에 임하신 것을 경험했다. 사악한 세력들 때문에 영적인 고뇌를 겪었던 경험은 있었지만 이런 경험은 처음이었다. '결코 너를 혼자 내버려두지 않을 테니 싸움을 계속하라'는 주님의 목소리를 들은 순간 불안과 의심은 눈 녹듯이 사라져버렸다. 어떤 일이 닥쳐온다 하더라도 의연히 나설 용기가 생긴 것이다.

_클레이본 카슨 엮음, 《나에게는 꿈이 있습니다》

마틴 루터 킹의 자서전을 읽는 동안 내가 만나고 싶었던 위대한 영웅은 어디에도 없었다. 내가 찾은 것은 나약하고 두려움에 떠는, 나와 같은 성정의 한 인간이었고, 내가 본 것은 한 평범한 사람이 역사의 흐름 속에 지도자로 세워지는 과정이었다. 정확히 말하면 한 인간을 들어 당신의 부름에 따라 묵묵히 걸어가게 하시는 하나님을 보았을 뿐이다. 함석헌 선생이 옮긴 《간디 자서전:나의 진리실험 이야기》를 읽었을 때도 마찬가지였다. 그토록 칭송해마지 않던 위대한 영혼(마하트마)이 얼마나 평범한 사람인지 거듭 확인할 따름이었다.

그 뒤로 나는 사람을 사람 이상으로 우러러보지 않게 됐다. 유명세에서 차이가 날 뿐 내 주위의 벗님들이 그들 못지않다고 생각한다. 코웃음을 쳐도 좋다. 역사가 주연으로 선택했느냐, 조연으로 선택했느냐의 차이 그 이상도 이하도 아니다. 사람의 평가를 떠나 우리네 삶에 가장 적실한 평점을 내릴 분 앞에 설 날이 오리라.

털복주머니난

귀여운 교인

올렌카에게 무엇보다 큰 불행은 어떤 일에도 자신 의견을 가질
수 없게 되었다는 점이다.

_안톤 체호프, 《귀여운 여인》

언제나 누군가를 사랑하지 않고서는 살아갈 수 없는 여자 올렌
카. 극단을 꾸려가던 첫 번째 남편과 살던 시절, 올렌카는 확신
에 찬 목소리로 친구들에게 말한다. "연극은 인간생활에서 가장
훌륭한 거란다. 사람들은 누구나 연극을 통해서만 참된 위안을
느끼고 교양 있는 인도주의적인 인간이 될 수 있는 거야." 남편
을 여의고 목재 상인과 재혼한 뒤에는 역시 확신에 찬 목소리로
친구들에게 말한다. "우리 부부는 극장에 가지 않기로 했어. 우
리 같은 근로자가 그런 우스꽝스런 구경을 하고 다닐 시간이 어
디 있니? 또 극장에 다닌다 해서 이로울 것도 없잖아." 남편의
위엄 있는 말투까지 닮는 여자가 올렌카였다. 그러다 목재상 남
편이 죽고 수의사인 스미르닌과 사귈 땐 그에게 건네 들은 지식
을 동료 수의사에게 읊고, 스미르닌의 중학생 아들 사샤에게 모
든 애정을 바칠 때에는 사샤가 학과, 교과서, 교원에 대해 한 말

을 주위 사람들에게 고스란히 늘어놓는다. 그럼에도 올렌카는 참으로 사랑스럽고 미워할 수 없는 여자다.

그런 올렌카를 보면 그리스도인들이 떠오른다. 사랑이 넘치고 다른 이들을 기쁘게 해주려는 그리스도인들, 그런 따스한 관계 없이는 한시도 못 사는 그리스도인들, 그런데 안타깝게도 자기 의견은 없이 목사가 가르치는 대로 말투까지 그대로 닮는 사람들. 이는 올렌카에게 그랬듯 그리스도인에게도 가장 큰 불행인지도 모른다.

불안은 나의 양식, 약함은 나의 음료

이렇게 일러주어도 백성은, 사무엘의 말을 듣지 않고 말하였다.
"그렇지 않습니다. 우리에게도 왕이 있어야 되겠습니다. 우리
도 모든 이방 나라들처럼, 우리의 왕이 우리를 다스리며, 그 왕
이 우리를 이끌고 나가서, 전쟁에서 싸워야 할 것입니다."

_사무엘상 8장 19-20절, 새번역

부디 내 말을 들으라. 그리스도인의 존재 방식은 불안과 약함이
다. 우리네 믿음의 조상으로 칭해지는 양반이 안정된 삶의 기반
인 본토 친척 아비 집을 떠나 갈 바를 알지 못하고 간 그 불안한
걸음이 우리의 발걸음이 되어야 한다.

다른 나라들처럼 왕을 세워달라는 것은 하나님나라의 자유민
이기보다 제국의 신민이길 원한다는 것이다. 반복한다. 불안한
삶, 나약한 삶이 바로 우리 생의 본질임을 받아들이라. 이를 거
부하고 힘과 안정을 추구하는 것은 제국을 확대, 재생산함으로
써 자신과 다른 이들을 억압하는 삶으로 끝나고 만다.

불안을 나의 양식으로, 약함을 나의 음료로 삼는 자에게 복이
있으리라.

도시에 사막을 일구라

사막의 교부들은, 사막이 인간에게 전혀 가치가 없다는 바로 그 이유 때문에 사막은 하나님 보시기에 지극히 가치 있는 것으로서 창조되었다고 믿었다. (…) 사막은 그 자신 이외에는 아무것도 되기를 원하지 않는 사람, 즉 고독하고 가난하며 하나님 외에는 그 누구에게도 의지하지 않는 피조물, 그 자신과 창조주 사이에 어떤 중요한 계획도 끌어들이지 않는 피조물의 필연적인 주거지이다.

_토머스 머튼, 《고독 속의 명상》

인간에게 한낱 쓸모없는 사막이 하나님께 귀하게 여겨졌듯이, 주류 사회에서 잉여 내지 루저로 간주되는 이들은 하나님 보시기에 지극히 가치 있는 존재로 쓰임 받는다. 하나님이 의도하신 모습 말고는 그 무엇도 되기를 원치 않는 이들은 세상의 버림을 받아 도심 속의 사막이 된다. 사람들은 그 사막에서 주류 사회의 열풍에 휩쓸리지 않는 고요함을 경험하며, 그들이라는 사막을 주신 분을 경배한다.

보라, 선교는 사막화다. 아름답다.

걷기는 배타적이다

루소에서 스티븐슨 혹은 소로에 이르기까지 많은 사람들은 혼자 걷기의 옹호자들이다. 혼자서 걷는 것은 명상, 자연스러움, 소요의 모색이다. 옆에 동반자가 있으면 이런 덕목들이 훼손되고, 말을 하지 않을 수 없게 되며, 의사소통의 의무를 지게 된다. 침묵은 혼자 떨어져 있는 보행자에게 없어서는 안 될 기본적인 바탕이다.

루소는 자기만의 고독을 너무나 소중히 여긴다. "누가 내게 마차의 빈자리를 권하거나 길을 가던 사람이 내게 가까이 올 때면 나는 걸으면서 이룩해온 큰 재산이 와르르 무너지는 것만 같아 눈살을 찌푸리는 것이었다." (…)

소로는 처음부터 생각이 뚜렷하다. 그는 이렇게 쓴다. "확신하거니와 내가 만약 산책의 동반자를 찾는다면 나는 자연과 하나가 되어 교감하는 어떤 내밀함을 포기하는 것이 된다. 그 결과 나의 산책은 분명 더 진부한 것이 되고 말 것이다. 사람들과 어울리고자 하는 취미는 자연을 멀리함을 뜻한다. 그렇게 되면 산책함으로써 얻게 되는 저 심오하고 신비한 그 무엇과는 작별인 것이다."

_다비드 르 브르통, 《걷기 예찬》

우리나라 차 문화의 고전인 초의선사의 《동다송》은 이렇게 말한다. "차를 마시는 법에는 손이 많으면 소란스럽고 / 소란스러우면 아취가 사라져 삭막해진다. / 혼자 마시는 것은 신이하고 / 둘이 마시는 것은 아주 좋고 / 세넷이 마시는 것은 아취가 있고 / 대여섯이 마시는 것은 차분하지 못하고 / 일여덟이 마시는 것은 베푸는 것이다."

차는 홀로 즐김이 으뜸이지만 둘이 마심도 나쁘진 않다. 하지만 보도步道는 다도茶道보다 훨씬 배타적이다. 단 한 명의 동반자가 단독 보행의 보화를 고스란히 앗아간다. 가족 및 벗님과의 어울림을 누구보다 아끼는 나도 홀로 거니는 호젓함만큼은 사수하고 싶다. 인생에서 가장 행복한 시간이 언제냐고 물으면 내 대답은 늘 같다. 먼 이국땅 낯선 거리를 홀로 거닐 때였다고.

앉아서 하루를 보내는 이들, 특히 글밥 먹는 이들은 꼭 걸어야 한다. 읽기와 걷기는 어깨를 겯고 나란히 가야 옳다. 나도 기회만 나면 반 시간이고 한 시간이고 골목길을 거닌다. 대로가 아닌 골목길을 택하는 까닭은 손바닥만 한 자리라도 나면 꽃과 푸성귀를 심는 서민들의 마음결이 있기 때문이다.

다시 브르통의 말을 들어보자. "비록 간단한 산책이라 하더

내 삶을 바꾼 한 구절

라도 걷기는 오늘날 우리네 사회의 성급하고 초조한 생활을 헝클어놓는 온갖 근심걱정들을 잠시 멈추게 해준다. 두발로 걷다 보면 자신에 대한 감각, 사물의 떨림들이 되살아나고, 쳇바퀴 도는 듯한 사회생활에 가리고 지워져 있던 가치의 척도가 회복된다."

그러니 지금 이 책을 덮고 나가라. 그대의 발로 대지와 무수히 입 맞추라.

개느삼

4

시적이지 않은
혁명은 가라

창녀가 집전한 성찬

어느 날 나는 아주 더럽고 가난한 시카고의 거리를 걷고 있었습니다. 아주 늦은 밤이었습니다. 그런데 제 뱃속에서 술집에 들어가라는 소리가 들려왔습니다. 하느님은 비논리적이시라는 것, 기억하시지요? 저는 캄캄한 그곳에 들어갔습니다. 술집 주인은 뭘 원하느냐고 물었고, 저는 와인 한 잔을 시켰습니다. 저는 "술 한 잔을 시켜놓고 내가 여기서 뭘 하고 있지?" 하고 생각했습니다. 저는 거기서 하느님을 찾고 있었습니다.

나이가 많은 여인. 한 58세쯤 된 여인이 들어왔습니다. 그녀는 내 옆에 앉아 술병을 가지고 오라고 주문했습니다. 그리고 잔에 술을 따르며 나보고 인사했습니다. 나도 인사했습니다. 저보고 배가 고프냐고 물어보길래 좀 그렇다고 했습니다. 그랬더니 잘됐다고 말하며 자기도 3일 동안 아무것도 먹지 못했다고 말했습니다. 그러고는 방금 저 가게에서 훔쳐온 빵을 나눠 먹을 사람을 찾고 있었다고 말하며 가방에서 빵을 내놨습니다. 또 참치 통조림을 꺼내서 한 손에 빵을 들고 그 위에 참치 한 덩어리를 집어놓았습니다. 그러고는 빵 하나를 그 위에 얹고는 나에게 주었습니다. 나는 그 샌드위치를 먹으며 내가 뭘 하고 있는지 스스로 물었습니다.

그런데 그 여자가 말하기 시작했습니다. "요즘은 너무 힘들어. 하루에 5달러밖에 벌지 못하고, 운이 좋아야 10달러를 벌어. 살기가 너무 힘들어." 나는 그게 무슨 뜻인지 몰랐습니다. 그 여자는 나를 보며 "당신은 아직 젊군요. 당신 몸은 아직 젊군요. 나는 경험으로 남자들이 어디로 가는지 알고, 당신은 몸이 있으니 우리는 함께 일할 수 있겠어" 하고 말했습니다. 그 여성은 나이가 많은 매매춘 여성이었습니다. 내가 매매춘 여성이 아니라고 말하자, 여기서 뭘 하고 있는 거냐고 물었습니다.

"그냥 술을 한 잔 마시고 있다"고 했습니다. 그러자 그녀는 여기는 매매춘 여성들이 오는 술집이며, 남자들이 여기로 여성들을 고르러 온다고 했습니다. "저는 가톨릭 사도직을 하는 여성입니다." "뭐라구요? 그럼 당신 여기서 뭘 하는 거요? 여기는 당신이 올 곳이 아니오. 여긴 크리스천이나 가톨릭 신자가 온 적이 없는데 당신 여기서 뭘 하고 있소?" "모르겠어요. 하느님을 찾고 있어요." "당신이 봉사자이고, 크리스천이라고요? 당신과 같은 사람이 여기에 온 적은 한 번도 없어요." 그러고 나서 그녀는 울기 시작했습니다.

그러고는 자신의 이야기를 하기 시작했습니다. 어렸을 때 많

은 학대를 받다가 여덟 살 때부터 자신의 몸을 팔기 위해 거리
로 나섰다고 했습니다. 50년 동안 그 일 외에는 한 것이 없었습
니다. 여덟 살 때부터 감옥과 길거리에서만 시간을 보냈는데,
이제 너무 늙어버린 것입니다. 뭘 할 수 있겠습니까? 그 더러운
장소에서 그날 제가 한 일은 그녀를 제 품에 안은 것뿐이었습니
다. 그녀는 제 어깨에 얼굴을 대고 두 시간 동안 울었고, 저도
그녀에게 기대어 울었습니다. 두 여자—매매춘 여성과 봉사자
—가 서로 자매가 되고자 하는 갈망만 품은 채 서로를 안고 있
었습니다. 다음날 새벽 두 시에 나는 거기를 떠나 거리를 걸으
면서 방금 일어난 일을 이해하려 애썼습니다.

　하느님을 찾으러 바에 들어갔는데 거기서 나이가 많은 여인
을 보았습니다. 그녀는 빵을 가져와 쪼개서 나에게 주었습니다.
생선도 주었습니다. 술도 함께 나누어 마셨습니다. 그러고는 자
신의 이야기를 해주었습니다. 또 저에게 키스도 해주었습니다.
저는 그때 그 더러운 장소에서 성찬이 있었다는 것을 깨달았습
니다!

_에드위나 게이틀리, 《따뜻하고 촉촉하고 짭쪼롬한 하느님》

204

내 생애 가장 가슴 벅찬 성찬 이야기가 여기에 있다. 이 글을 읽은 뒤로 누군가 무심코 떼어주는 빵 조각, 말없이 따라주는 술잔은 더 이상 그저 그런 빵과 술일 수 없었다.

왜 우리는 이렇게 가슴과 가슴을 포개는 조우를 맛볼 수 없는가. 이 사회는 자신이 버린 이들이 중산층에게 불쾌감을 유발하지 않도록 그들을 교묘하게 격리해놓았다. 집에서 자고 일어나 학교나 직장을 가고, 주말엔 교회에 가고, 놀 때는 (서울을 예로 들자면) 홍대와 강남에 가는 뻔한 동선을 유지하는 한, 구약의 하나님이 입만 열면 언급하는 고아와 과부를 만날 수 없고, 이런 성찬이 벌어질 리도 없다. 우리가 제 발로 찾아가지 않는 한, 그들은 눈에 띄지 않은 채 나와는 아무 상관없이 거기 남아 있을 것이다.

심지어 나의 경우는 서민 동네로 평판이 자자한 곳에 둥지를 틀고도 낮은 곳에 처한 이들을 보지 못했다. 네 아이를 키우며 글을 쓰겠다고 집에 들어앉고 나서, 그렇게 진정한 의미에서 우리 동네에 '살고' 나서야 이웃들이 눈에 들어왔다. 같은 건물 2층에서 부모 없이 한 달 동안 방치된 어린 자매를 불러 우리 애들이랑 같이 밥을 먹이고, 폐지 줍는 할머니의 하소연을 들어드리고 난 다음 유기농 두유 한 상자를 건네고, 수유역 계단에서 구걸하는 분에게 돈과 함께 노란 소국 한 묶음을 쥐어드리게 된 것은 내 걸음이 생활의 자리에 밀착되고 난 뒤였다.

그러니 그대여, 따뜻하고 촉촉하고 짭조름한 하나님을 만나려거든 동선부터 바꾸라.

두 번째로 위대한 기도

'예수의 기도'를 끊임없이 반복할 때에 마음이 평온해지며, 팔다리로 감미로운 쾌감이 퍼지고 기쁨으로 심장에 거품이 일며, 살아 있음에 기쁨이 일어나 모든 근심걱정과 화나게 하는 일들에 초연해지게 됩니다. 이로써 영혼이 죄 된 생각에서 벗어나 정신을 차리게 되고, 지성이 밝아져 다른 피조물의 언어를 알게 되며, 하나님의 임재와 우리를 향하신 그분의 사랑을 확인하게 됩니다. 이런 깨침을 통해 어느 정도 천국의 비밀들까지도 알게 되며 자기의 타락하고 연약한 의지에 대해 참회하고 눈물을 흘리게 되는 것이지요.

_오강남 엮어 옮김, 《기도: 영적 삶을 풍요롭게 하는 예수의 기도》

"하나님의 아들 주 예수여, 이 죄인을 불쌍히 여기소서." 짧게는 "주 예수여, 불쌍히 여기소서."

동방 교회 영성의 정수로 불리는 이 한마디 기도가 얼마나 많은 사람들의 삶을 바꾸어놓았는지 모른다. '예수 기도'를 사랑하는 이로서 위와 같은 경지에 이른 적은 없었지만 주기도문을 빼놓으면 이보다 더 나은 기도도 없는 것 같다.

하나님과 사귐의 해가 길어지는 만큼 내 기도가 깊어지고 있는지 잘 모르겠지만, 신기하게도 점점 예수 기도를 닮아가고 있다. 짧아지고 단순해진다. 젊은 시절 폭포수처럼 쏟아지던 낭창 낭창한 언어들은 사라지고 언제부터인가 주의 자비를 구하는 문장만이 단출히 남는다. 기도의 말수는 기도를 해온 연수에 반비례하는가?

들숨과 날숨에 맞춰 예수 기도를 해보라. 새로운 세계가 열릴지도 모른다.

신분 상승의 욕망을 버려라

서로 마음을 같이하며 높은 데 마음을 두지 말고 도리어 낮은 데 처하며 스스로 지혜 있는 체하지 말라.

_로마서 12장 16절, 개역개정

"낮은 데 처하며"에서 노자老子의 《도덕경》을 떠올린다. "최고의 착함은 물과 같다. 물은 만물을 이롭게 하면서도 다투지 않으며, 뭇 사람들이 싫어하는 낮은 곳에 처한다. 그래서 물은 '도'와 같다."

"낮은 데 처하며"는 NIV 영어성경이 잘 옮겼듯이 "천한 자들과 연합하라associate with people of low position"는 뜻이다. 현대어성경은 노골적으로 "상류 사람들 사이에 끼어들려 하지 말고 보통 사람들과 즐겁게 사귀십시오"라고 옮긴다. 나는 "주류 사회에 들어가려고 애쓰지 말고 사회적 약자들과 즐거이 연대하라"고 번역하곤 한다. 신분 상승에 대한 노력을 접고, 대신 사회적 약자들과 벗하는 것! 이것이야말로 주님이 우리에게 원하시는 것이라고 믿는다.

불가촉천민dalit은 인도에만 있는 것이 아니다. 만질 수도 없

내 삶을 바꾼 한 구절

209

는 사람들the untouchable, 사회 체제에서 쫓겨난 사람들the out-casts은 세상 어디에나 있다. 마태복음 25장을 보면 그런 자들을 무시하거나 섬기느냐에 따라 구원이 갈린다. 주님에겐 지극히 보잘것없는 자를 섬긴 것이 바로 당신을 섬긴 것이고, 그들을 무시한 것이 바로 당신을 무시한 것이었다. 행위구원론이라는 오해를 살 정도로 주님은 낮은 자들과 당신을 동일시했다.

그리스도인들이 이 말씀을 집에 떡 하니 붙여놓고 가훈으로 삼으면 얼마나 근사하겠는가. "네 시작은 미약하나 나중은 창대하리라"나 "주의 은혜로 종의 집이 복을 받게 하옵소서" 대신 "상류층에 들어가려 애쓰지 말고 서민들과 연대하여 살라"는 말씀을 걸어놓으면 집을 드나드는 이들이 '야, 기독교에도 이런 말씀이 있구나' 하지 않겠는가.

낮은 자들과의 연대 없는 예배

우리가 성문 밖에 현존하시는 그분에게로 나아갈 때에, 우리가 임시 체류자로 살아갈 때에, 우리가 정의로운 삶을 살고 우리의 소유를 궁핍한 자들과 나누어 가질 때 그때 비로소 우리는 하느님께 찬양의 제사를 드릴 수 있다. 예배, 복음전도, 봉사가 그리스도교적 가치를 가지려면, 모든 것들은 '밖에서' 십자가에서 처형된 예수와 버림받은 자들에 대한 그의 영원한 사랑과의 연대 속에서 행해져야 한다.

_O. E. 코스타스, 《성문 밖의 그리스도 : 제3세계의 선교신학》

아직도 예배, 전도, 봉사만 열심히 하면 장땡인 줄 아는 교회가 너무 많다. 예배 세미나는 각처에서 성황이고, 허다한 이들이 예배학을 공부한다. 교회마다 더 은혜로운 예배를 위해 고민한다. 서점에 가보면 '예배'라는 말이 제목에 들어간 책은 또 얼마나 많은가.

젊은 시절 나의 신학에 가장 큰 영향을 끼친 코스타스는 가장 낮은 이들과의 사귐이 없다면 예배, 전도, 봉사 같은 종교적 열심이 의미를 가질 수 없다고 단언한다. 교회는 이 사실을 잔인

내 삶을 바꾼 한 구절

할 정도로 철저히 간과했다.

　나의 예배가 가장 살아 있던 시절은, 과거 서울 구로동에서 벗님들과 연립주택 지하에 교회를 개척, 한부모 가정 청소년들과 함께 먹고 마시던 때였다. 그 시절만큼 예배, 전도, 봉사가 자랑스러운 때가 없었다.

　지금은 그런 연대가 없어서일까, 예배를 하면 할수록 목이 마르다.

2008. 8. SUH

용담

나를 부끄럽게 하는 사람

여기서 나는 전쟁을 일으키는 모든 것, 전쟁과 관련된 모든 것
으로부터 계속 결백할 수 있을지, 면밀하고 어려운 질문에 이끌
린다. 미래에 내가 모든 면에서 순수한 진리에 꾸준히 천착하
고, 그리스도의 신실한 제자로서 명백함과 단순함 속에 살아갈
수 있는지 깊이 염려한다. 그리고 여기 사치와 탐욕 및 그에 수
반되는 무수한 억압과 다른 죄악들이 내게 커다란 괴로움으로
다가온다.

_존 울만, 《존 울만의 저널》

미국 퀘이커(Quaker, 17세기에 영국과 미국에서 일어난 개신교의
교파)의 지도자 존 울만의 저널을 읽어보면 그가 얼마나 통전적
이고 전인적인 복음을 살아내려 했는지 그 절절함에 가슴이 저
민다.

평화교회peace church인 퀘이커답게 전쟁과 관련된 어떤 것에
도 얽히지 않으려는 순결함, 재단사로 밥벌이를 하다가 자신이
지은 옷이 사람들의 허영심을 부추기는 것을 보고 생업을 접는
과단성, 게다가 자본주의란 말도 없었던 수백 년 전 이미 소비

와 탐욕이 어떻게 사람들을 억압하고 착취하는지 간파한 통찰력, 꼭 필요한 물건을 사더라도 노예와 노동자를 억압하지는 않을까 깨어 성찰하는 삶의 자세…. 선지자란 바로 이런 사람을 위한 말이리라.

그런데 지금 우리 모습은 어떤가. 전쟁에 심드렁한 것도 모자라 그리스도인들이 파병을 찬성하고, 사람들의 탐욕에 기름을 붓는 월스트리트 업종을 자랑스럽게 여기고, 나의 소비행위가 생태적·사회적 약자를 어떻게 파괴하는지 아무 생각이 없다. 존 울만과 같은 아름다운 전통을 확대, 재생산하기는커녕 망각과 퇴보를 거듭하고 있으니 한스러울 따름이다.

존 울만의 삶의 자세를 가장 잘 보여주는 사례가 마차 승차 거부이다. 울만이 미국에서 대서양을 건너 영국에 갔을 때의 일이다. 런던에 도착한 울만은 마부들이 돈벌이를 위해 말을 얼마나 가혹하게 다루는지 보고는, 탐욕에 의한 생명 억압과 착취에 동참하지 않겠다며 마차 이용을 거부했다. 이미 긴 항해로 몸은 파김치가 됐을 테고 짐도 많았을 텐데 수십 킬로미터를 그냥 걸어서 갔다. 뭇 생명을 위해 살겠다고 다짐하면서도 조금만 불편하면 타협하고 마는 내 모습이 부끄럽기만 하다.

이런 어머니 안 계십니까

물론 낫 놓고 기역 자 알 리 없는
황해도 텃골 군역전 부쳐먹는 쌍놈의 집 아낙입니다.
그런 아낙이 제 자식 창수가
대동강 치아포 나루에서 왜놈 한 놈 때려죽이고
물 건너 인천 감리영 옥에 갇히니
초가삼간 다 못질해버리고
옥바라지 객주집 식모살이 침모살이 해가며
차꼬 물린 살인죄 자식 면회 가서
나는 네가 경기감사 한 것보다 더 기쁘다
이렇게 힘찬 말 했습니다.

_고은, 〈곽낙원〉

고은 시인이 칭송한 김구 선생의 어머니 곽낙원 여사. 우리 근
현대사에 존경할 인물이 없다고 하기 전에 《백범일지》를 보란
말이 있는데, 백범의 삶을 주조하는 데 곽 여사보다 더 큰 영향
을 끼친 분이 없다. 살인범으로 갇힌 자식 면회 가서 도지사 된
것보다 더 기쁘다고 하는 어머니! 하지만 이 땅의 많은 어머니

216

는 모난 돌이 정 맞는 법이니 어디 가서 괜히 나서지 말라고 하
느라 바쁘다.

교회는 어떤가. 교회에 가면 대입을 앞두고 백일기도 제단을
쌓는 어머니는 지천이되 사회 불의에 맞서 싸울 줄 아는 자녀가
되게 해달라고 비는 어머니는 가뭄에 콩 나듯 한다. 학원 정보
와 입시 전형을 줄줄 꿰는 어머니는 널렸으되 투쟁 현장과 사회
담론을 줄줄 읊는 어머니는 멸종 상태다.

문익환의 부인 박용길, 전태일의 모친 이소선, 두 어머니가
근자에 작고하셨다. 두 분을 이을 어머니는 대체 어디 계신가.
그래서일까, 나는 기도회에 가면 더 목이 마르다.

따끔함과 따스함

아이들은 부모를 공경하고 존경해야 한다. 하지만 부모들도 마
찬가지로 자녀들을 존중하고 존경하는 법을 배워야 한다.

_요한 크리스토프 블룸하르트·크리스토프 프리드리히 블룸하르트, 《예수처럼 아이처럼》

이 말에는 어렵지 않게 '아멘' 할 수 있다. 하지만,

아이들에게 가장 나쁜 것은 명령하고 지적하는 것입니다. 당신
이 할 일은 섬기고 사랑하는 것입니다.

이 말에는 고개가 숙여진다. 네 아이를 키우며 인격과 체력이
부치다보니 군대식 말투로 지시하는 나를 본다.

아이가 성질을 부릴 때에 절대로 엄하게 대하지 말아야 합니다.
인내심을 갖고 가라앉을 때까지 기다리십시오. 그런 다음 아이
를 조용한 방으로 데려가서 함께 기도하고 축복해주세요. 기도
는 짧게 하고 지루하게 하지 마세요. 그 밖에 덧붙여 말씀드리
자면, 아이가 가지고 있는 것을 갑자기 빼앗지 마시고, 위험한

경우가 아니라면 아이가 하려는 행동을 못하게 막지 마십시오. 아이들은 이런 상황을 이해할 수 없기 때문에 부당하다고 느끼게 되고 그로 인해 마음에 어둠이 깃들기 시작합니다. 제가 말씀드린 대로 하신다면 시간이 지나면서 좋아질 것입니다.

이렇게 할 수 있는 부모가 몇이나 될까 싶지만 겸손히 주님의 자비와 도우심을 구해본다.

이 책을 비롯해 《용기:잃어버린 교육》, 《브루더호프의 아이들》등 브루더호프 공동체에서 나온 자녀양육서적은 신혼 시절부터 육아의 지침서가 되어주었다. 이들 저작은 복잡하기만 한 양육의 문제를 단순화시키는 것 같아도 매번 가장 중요한 것이 무엇인지 일깨워주는 미덕이 있다. 무엇보다도 브루더호프 육아서적에 손이 자주 가는 것은 따끔함과 따뜻함이 공존하기 때문이리라. 부모로서의 내 허물을 따끔하게 짚으면서도 잘할 수 있다며 따스하게 격려해주는 면모가 있다.

시적이지 않은 혁명은 가라

춤을 출 수 없다면, 난 당신의 혁명의 일부가 되고 싶지 않아.

_엠마 골드만, 구두 전승

전설적 아나키스트였던 엠마 골드만의 유명한 이 말은 살짝 다른 여러 버전으로 알려져 있다. 엠마가 동성연애자들을 두둔했다는 이유로 동료 아나키스트들의 비판을 받자 이 말을 했다고 전해진다.

그녀가 해 아래 없던 새 말을 내뱉은 건 아니다. "춤추지 못하는 자에게 칼을 쥐어주지 말라"는 아일랜드 속담이나 "축제 없는 항거는 공허하다"고 한 미국의 히스패닉 해방 신학자 버질리오 엘리손도Virgilio Elizondo의 말도 맥을 같이한다.

내 생긴 모양을 볼 때 앞장서서 혁명의 깃발을 꽂을 리는 없을 게다. 절박한 혁명의 대의 앞에 춤과 시가 유산계급의 놀음으로 취급될 때면 그에 대한 저항의 표시로 나지막한 시를 읊는 것이 내가 맡을 역할이리라. 나는 다만 깃발 아래 모인 벗님들의 손을 잡아끌어 머리에 꽃을 꽂아주고 함께 춤을 추자고 하겠지. 그러다 반동으로 몰려 숙청을 당할 수도 있겠지만.

춤추지 못하게 하는 혁명은 가라. 시적이지도 미학적이지도 않은 투쟁도 가라. 춤추지 않는 혁명은 파시즘으로 끝나고, 시적이지 않은 투쟁은 사람을 수단화할 뿐이다.

행동이라는 이름의 묵상

소명이 소명인 만큼 그들(행동주의 영성의 소유자들)은 야기된 문제들로부터 마음을 온전히 비워 하나님께만 젖어들 정도로 고독과 침묵과 여가를 찾을 수 없다. 그들은 세상에 있는 하나님의 자녀들을 도움으로 그분을 섬기느라 너무 바쁘다. 게다가 그들의 마음과 기질도 순전히 묵상적 생활에 맞지 않는다. 그들은 외적 활동 없는 평화를 모를 사람들이다. (…) 그럼에도 불구하고 그들은 하나님을 찾는 법을 안다. 즉 그들은 희생적 노동으로 하나님께 헌신하는 삶을 통해 하루 종일 그분의 임재 안에 머무를 수 있다. (…) 그들은 활동적 일꾼이지만 동시에 준(準)명상가다. 무슨 일을 하고 무슨 고생을 당하든 순종, 형제 우애, 자기희생, 하나님의 뜻에 대한 온전한 복종을 통해 그들 안에 극히 순결한 마음이 유지되기 때문이다. 그들은 자신이 생각하는 것보다 하나님께 훨씬 가깝다. (토마스 머튼에 의하면) 그들은 일종의 '위장된' 묵상을 즐긴다.

_게리 토마스, 《영성에도 색깔이 있다》

한국인들이 행동 지향적으로 사는 모습을 보고, 또 외국인들이 이구동성으로 한국에는 에너지가 넘친다는 말을 하는 걸 보면 우리 중 많은 이들은 행동주의자가 아닐까 싶다. 어쩌면 우리는 "매일 묵상하지 않으면 안 돼"라고 말함으로써 행동주의자들에게 묵상주의자가 되기를 강제하고, 그렇게 하지 못할 때마다 불필요한 죄책감을 심어주고 있는 것은 아닐까? 물론 누구에게나 기본적인 침묵과 묵상은 필수다. 하지만 마리아가 마르다보다 더 낫다고 함으로써 활동 지향적 그리스도인들에게 "그래봤자 우리는 묵상을 잘하는 이들에 비해 하수야"라는 열등감을 안겨주는 것은 아닌가 말이다.

일전에 임락경 목사가 《돌파리 잔소리》에서 한 말도 도움이 될까 하여 첨언해둔다.

그것(영성)은 불교를 수용한 것이거든. 일단은 기독교인들에게도 필요해. 그러나 나쁜 것은 아니지만 그리 오래가지는 않을 거야. 왜냐면 그게 우리 기후 풍토에는 안 맞거든. 인도 같은 더운 지방에서는 가만히 앉아 있는 게 좋지만 우리 같은 기후 조건에서는 활동을 해야지 앉아 있으면 안 돼.

오해를 피하기 위해 나는 영성수련을 오랫동안 해온 사람이고
도심형 재속재가수도원 '신비와저항'의 원장 수사라는 점도 밝
혀둔다. 내가 무척 좋아하는 박흥용 선생의 《호두나무 왼쪽 길
로》를 읽다가 흥미로운 대목을 찾았다.

베트남전이 끝나고 베트남은 혼혈고아들을 시설에 보육하면서
재미있는 사실을 발견했답니다. 중국계, 필리핀계, 한국계 등
같은 아시아 혼혈아들이 섞여 있어도 한국계 혼혈아들을 따로
구별해낼 수 있는 특징이 있는데, 한국 혼혈아들은 다른 아이들
에 비해 얌전히 있지 못하고 부산하더랍니다. 그래서 처음엔 정
서불안인가 했는데 같이 지내고 보니 그게 한국 아이들의 품성
이더래요. 이런 사실을 놓고 한국인의 뿌리가 기마민족이기 때
문이 아닐까 추측한 학자들이 있습니다.

어쩌면 우리는 이런 사람들에게 영성이란 이름으로 죄책감을
심어줬는지도 모른다.

SongSungJoo

층층갈고리둥글레

대책 없는 예수의 윤리

예수가 가르치는 도덕은 앞뒤를 가리지 않을 정도로 무모하고, 터무니없이 비현실적이며, 다가올 미래를 대비하지 않으며, 상식을 벗어난 것이다. 보험설계사에게 수치스러운 추문이며, 부동산 중개사에게는 걸려 넘어지게 하는 장애물이다.

_테리 이글턴,《이성, 신앙, 그리고 혁명》

이 구절을 읽을 때마다 거듭거듭 가슴이 뛴다. 이 얼마나 야성적이고 거침없는 메시지인가. 하지만 쉐인 클레어본이《믿음은 행동이 증명한다》에서 말한 대로 "그 누구라도 그리스도의 십자가에 거북함을 느껴 예수님으로부터 발길 돌리는 모습을 보는 것을 진정으로 원하지 않는다. 그래서 '사자Lion'이신 예수님의 발톱을 짧게 깎아버리고, 마땅히 따라야 할 '피의 수난'에서 핏자국을 깨끗이 제거한다." 교회가 스스로 생명력을 갉아먹은 이유는 다른 게 아니다. 만만한 복음, 따름직한 예수를 만들어낸 데 있다. 사람들을 불편하게 하지 않고 격발시키지 않는 복음은 참된 복음이 아니다.

어떠한 위기도 유발하지 않는 교회,

아무런 동요도 일으키지 않는 복음,

누구도 성내지 않게 하는 하나님의 말씀,

사회의 실제 죄악을 건드리지 않고 선포되는 하나님의 말씀 —

그것은 대체 어떤 복음인가요?

매우 점잖고

누구도 성가시게 하지 않는 경건한 배려,

바로 이것이 많은 이들이 설교하고 싶어 하는 방식입니다.

괴롭힘을 당하고 싶지 않고,

갈등과 어려움을 갖고 싶지 않다는 이유로

가시 돋은 모든 문제를 기피하는 그런 설교자들은

자신들이 몸담고 사는 세상에 빛을 밝힐 수 없습니다.

그들은 그리스도를 죽인 피 묻은 손을 여전히 갖고 있는 무리에게

"당신들이 그분을 죽였소!"라고 말한

베드로의 용기를 갖고 있지 않습니다.

그 대가로 목숨을 내놓아야 할 수도 있음에도

그는 그렇게 했습니다.

복음은 용감합니다.

그것이 세상의 죄를 가져가기 위해 오신 분에 관한

좋은 소식입니다.

_오스카 로메로, 《사랑의 폭력》

문제는 이러한 용감한 복음을 곧이곧대로 따라 사는 인생의 말미가 뻔하다는 데 있다. 그들은 조롱받고, 실패하며, 죽음을 당할 것이다. 우리는 말씀을 사모하라고 입버릇처럼 말하지만 말씀과 단 둘이 있는 것은 얼마나 두려운 것인지 모른다. 해맑게 웃으며 '아침마다 말씀과 함께'를 외치는 이들은 과연 말씀대로 산다는 것이 어떤 것인지 알까?

아, 물론 필요하면 보험에 들 수 있고, 집을 살 수도 있다. 보험에 가입하지 않는 것을 맘몬과 타협하지 않는 삶의 방식으로 선택한 한 사람이 있다 치자. 가족 중에 보험으로 먹고사는 이가 있는데 '이번 달엔 너무 힘들다'고 하면 어떻게 해야 하나. 이 글턴이 제시한 급진적 윤리를 고수할 수도 있겠지만, "나의 기뻐하는 금식은 … 골육을 저버리지 않는 것"(사 58:7)이라는 이사야의 목소리를 따를 수도 있는 법이다.

나는 물 타지 않은 복음 그대로를 '래디컬'하게 전하고 살아야 한다고 믿는다. '허다한 무리'에 속하길 거부하고 예수가 걸어간 좁은 길을 우월감 없이 가야 한다고 믿는다. 하지만 급진적 윤리가 일체의 예외도 허용치 않는 교조주의로 기우는 것은 죽기보다도 싫다.

배고픈 파시스트보다 배부른 돼지이기를

페라린: 모험 비행가의 시대는 끝났단 말이다! 국가라든지, 민족이라든지, 그러한 시시한 스폰서라도 두지 않으면 날 수 없어!

포르코: 파시스트가 되느니 돼지 쪽이 낫지.

_미야자키 하야오 감독, 〈붉은 돼지〉

"날지 않는 돼지는 평범한 돼지야"라고 말하며 빨간 비행정을 타고 아드리아 해를 누비는 돼지 포르코. 그의 옛 전우 페라린은 국가나 민족 같은 '빽'을 등에 업지 않고선 비행기를 띄울 수 없는 현실에 순응하라지만, 포르코는 날기 위해(실은 살기 위해. 그에게 '날기'는 '살기'이기에) 파시스트가 될 수는 없다고 조용히 받아친다. 이 점이 나로 하여금 미야자키 감독을 더 좋아하게 만든다. 〈붉은 돼지〉는 모두가 전체주의에 열광하던 시대에 홀로 파시즘을 거부하면 돼지 취급을 받는다는 것을 보여주려는 작품이 아닐까? 마르코가 돼지로 나온 것은, 소신을 버리고 현실에 타협하는 우리가 돼지보다 못함을 말하려는 극적 장치가 아닐까?

'금융과두제'라는 말이 보여주듯 자본의, 자본에 의한, 자본을 위한 시대를 살고 있는 우리 역시, 생계유지든 꿈의 성취든 돈 없으면 아무것도 할 수 없다고 믿는 파시스트가 되기를 강요받는다. 폭력성은 '대세에 편승해라. 아니면 개돼지 취급을 받든가'로 작동한다.

예수가 이 땅에 오신 것은, 파시스트도 되지 않고 그렇다고 그냥 돼지로 남지도 않는 하늘의 좁은 길을 내기 위해서다. 우리는 그 길을 가고 있는가?

S M Lee '09
쑥부쟁이

구하고 받은 줄로 믿었던 사람

이 땅에서 오늘 역사를 산다는 건 말이야
온몸으로 분단을 거부하는 일이라고
휴전선은 없다고 소리치는 일이라고
서울역이나 부산, 광주역에 가서
평양 가는 기차표를 내놓으라고
주장하는 일이라고

이 양반 머리가 좀 돌았구만

그래 난 머리가 돌았다 돌아도 한참 돌았다
머리가 돌지 않고 역사를 사는 일이
있다고 생각하나
이 머리가 말짱한 것들아
평양 가는 표를 팔지 않겠음 그만두라고

난 걸어서라도 갈 테니까
임진강을 헤엄쳐서라도 갈 테니까
그러다가 총에라도 맞아 죽는 날이면

내 삶을 바꾼 한 구절

그야 하는 수 없지

구름처럼 바람처럼 넋으로 가는 거지

_문익환, 〈잠꼬대 아닌 잠꼬대〉

1989년 고등학교 졸업반 시절 문익환 목사가 평양을 방문, 김일
성 주석과 포옹을 했을 때 부모님은 저런 빨갱이라며 욕했고 나
도 그런가 보다라고 생각했다. 고등학교 국사의 현대사 부분을
'기득권층의 소설'이라며 다 찢어낼 정도로 나름 의식이 깨어
있었지만 나도 분단 모순에는 제대로 눈을 뜨지 못했다. 대학에
가서 이 시를 접하고 나서야 감옥행을 빤히 예상하면서도 방북
을 강행했던 그의 심정이 닿아왔다.

  구한 것은 이미 받은 줄로 믿으라 하셨지만 한국 교회는 그
토록 오랫동안 통일을 구하고는 정작 아무도 이뤄진 줄로 믿
고 행하지 않았다. 극심한 가뭄이 이어지자 마을 사람들이 다
예배당에 모여 기도하자고 했을 때 오직 한 소녀만이 우산을
들고 왔다는 이야기는 흔해 빠진 설교의 단골 예화지만, 불행
하게도 이 땅에선 오직 문익환 목사만이 "통일이 이미 됐어"

라고 믿고 그대로 행동에 옮긴 것이다. 문 목사는 바로 그 소녀의 심정으로 북에 간 것이다. 문 목사의 어머니 김신묵 권사는 재판장에서 "목사가 아니면 누가 김일성을 안아줄 것이냐"라는 말로 이 모든 것을 명쾌하게 정리했다.

오늘은 우리 동네에 있는 '통일의 집' 앞을 기웃거리고 싶다. 문 목사의 긴 수염이 무척이나 그립다.

진정한 명문가

문씨네 가계는 이렇게 실로 3대에 이르는 십 수 명의 거물들이
한 지붕 아래서 공존의 훈련을 거듭한 끝에 순전히 토의와 자율
로 운영되는 결사체(?)가 되었다. 이것은 이후 문씨네 가족과
다른 가족들을 가르는 가장 큰 차이점이 되었다. 가족들은 매일
같이 식탁에 앉아 심포지엄을 방불케 하는 토론을 벌였다.

_김형수, 《문익환 평전》

1대 문재린 목사와 김신묵 권사, 자녀인 2대 문익환, 문동환, 문
선희, 문은희, 손주인 3대 문호근, 문성근 등이 한 식탁에 앉아
어느 학회보다 순도 높은 난상 토론을 벌이는 장면을 상상해보
라. 이렇게 살아온 문씨 가족이 한국 근현대사에서 어떤 역할을
감당했는지 돌아보면 절로 고개가 끄덕여진다. 명문가란 바로
이런 이들을 두고 하는 말이 아니겠는가! 흔히들 재벌을 명문가
라 칭하지만, 자기들의 영달에만 몰두하는 작자들은 권세가일
지언정 명문가는 결코 아니다.
  《문익환 평전》에서 유독 이 대목에 내 가슴이 뛴 것은, 나도
이런 가정을 꾸리고 싶었기 때문이었다. 우리 집 네 아이가 얼

른 커서 함께 밥상에 둘러앉아 사랑과 인생을 나누고, 문학, 예술, 영성, 종교, 사회, 정치, 경제, 통일, 인권을 논할 수 있다면, 그렇게 쇠가 쇠를 벼리듯 서로를 빛나게 해줄 수 있다면, 아아 얼마나 행복할까!

무균질 가정에 때를 묻혀라

우리 부부는 청년들과 오랫동안 함께 일했다. 그들 앞에서 우리
는 거리낌 없이 서로의 차이를 드러냈고 논쟁도 했다. 이상적으
로 생각하는 사역자 부부의 모습과 어긋나자 놀라는 청년도 있
었고, 더 이상 우리와 가까이 지내기를 꺼리는 청년도 생겼다.
아내는 고분고분한 자세로 남편에게 순종해야만 성경적이라고
생각하는 청년들에게 우리의 모습은 분명 불편했을 것이다. 지
금 생각하면, 둘 사이의 갈등이 너무 표면화되지 않았나 싶지
만, 기본적으로 우리가 서로 완벽하게 일치하는 부부라는 인상
을 주지 않으려고 했다는 점에서는 아쉬움이 없다.

_양혜원, 《교회 언니, 여성을 말하다》

〈복음과상황〉의 편집장 노릇을 할 적에 매달 양혜원의 원고를
받아 읽는 게 참 즐거웠다. 꼭 단행본으로 엮어져 나오길 바랐
는데 마침 이 책의 작업이 끝나기 전에 선을 보여서 다행이다.
이 책을 교회 언니만 말고 교회 오빠가 읽으면 더 좋겠다.

반짝이는 다른 구절을 마다하고 굳이 이 대목을 뽑은 연유가
있다. 교회에서 목회자 부부가 성도들 앞에서 논쟁하는 게 얼마

나 어려운지 나 역시 10여 년간 교역자 노릇을 해온 터라 잘 안다. 결혼을 앞둔 청년들에게 화목한 가정상을 보여주고픈 유혹이 적지 않았을 터인데 그걸 깨뜨리다 거리를 두는 친구들까지 생겼다니 이 대목에서 양혜원 부부를 사랑하지 않을 수 없다.

말이 나왔으니 말인데, 한국 교회의 이른바 가정 사역이라고 하는 것은 미국 기독교의 가정 사역을 그대로 번역한 수준을 벗어나지 못했다. 거개의 가정 사역이 이상적으로 놓는 가정상이 전형적인 미국 백인 중산층 기독교 가정의 모습이다. 이를테면 가부장적이고, 체제 순응적이고, 소비문화적이고, 문화적으로 보수적이다. 영적·정신적 지도자인 남편, 순종적이고 살림과 육아에 전념하는 아내, 고분고분하고 공부 잘하는 자녀로 구성된 전형적인 기독교 가정을 떠올려보라. 여기에 가정의 행복을 최고의 가치로 여기는 가족이기주의, 사회 변혁을 부르짖는 자들만 보면 정색하는 부모와 이를 답습하는 자녀, 부부간 부모 자식 간에 아무런 갈등도 없는 무균질의 행복을 연출하는 그런 가정 말이다.

샐리 맥페이그Sallie McFague가 말했듯이 인간은 항상 은유(모델)로 생각하고, 특히 깊은 차원에서는 더욱 은유로 생각하기 때

내 삶을 바꾼 한 구절

239

문에 교회가 지향하는 가정 모델의 영향력은 압도적이다. 그렇다면 성 역할에 있어 탈가부장적이고, 사회정치적으로 진보적이고, 문화적으로 자유롭고, 생태적 감수성을 기르고, 경제적으로는 자발적 가난을 추구하는 가정은 어떤가? 남녀 역할이 고착돼 있지 않고, 갈등과 다툼을 자연스레 드러내고, 불의에 맞서 온 가족이 함께 싸우고 기도하는 가정이야말로 천국의 한 조각을 맛보는 '홈 스위트 홈'이 아닐까?

고통을 환기시키는 사람

예수 그리스도께서는 스페인 사람들뿐 아니라 인디언들을 위해
서도 피 흘리셨으며, 또한 하느님께서는 스페인 사람들보다 인
디언들을 더 많이 뽑으셨습니다.

_필립 레미, 《인디언 인권의 수호자 바르톨로메 데 라스카사스》

분도출판사에서 나온 만화 〈평화의 사람들〉 시리즈 1권을 우리
집 아이들에게 읽어주다가 눈에 뜨인 구절이다.

콜럼버스 친구의 아들로 알려진 바르톨로메 데 라스카사스.
한 사람은 신대륙을 발견한 공로로 콜럼버스의 날이란 기념일
에 더해 세계위인전집에 꼬박꼬박 얼굴을 내밀지만 실상은 지
독한 인종차별주의자에 히틀러보다 더한 학살자였고, 다른 한
사람은 그리스도인들에게조차 제대로 알려지지 않은 낯선 이름
의 사제지만 실제로는 성인 중의 성인이었다.

1492년에 콜럼버스가 신대륙을 발견한 뒤로 스페인인들은
인디오들을 사악하고 영혼이 없으며 당나귀보다 더 멍청하다며
자기들 마음대로 학살하고 노예로 부렸다. 세비야 출신 상인의
아들로 신대륙에서 한몫 보려고 건너갔다가 참상을 목도하고

신부가 된 라스카사스는 인디오 해방과 구원에 평생을 던졌다. "인디언들 또한 우리들의 형제이며, 그리스도는 그들을 위해서도 자기 생명을 바쳤다"고 주장하며 자신도 실제로 그렇게 살아낸 그는, 해방신학의 아버지로 일컬어지는 구티에레스Gutiérrez 신부보다 수백 년을 앞선 해방신학의 시조로 추앙받는다. 하지만 그가 인디오의 노동력을 대체하기 위해 아프리카에서 흑인 노예를 들여오자고 한 대목은 납득이 되지 않는다. 훗날 후회하며 돌이키긴 했으나 흑인은 왜 형제로 보지 못했을까. 정의를 위해 바친 위대한 삶도 개인의 호불호에 제한될 수밖에 없는가.

게오르크 지멜은 라스카사스를 "인류의 가장 커다란 고통을 환기시켜주는 인물"이라 평했다. 그리스도인은 필연적으로 고통스러운 현실 내지 역사를 일깨우는 삶을 살 수 밖에 없고, 이를 불편하게 보거나 위협적으로 여기는 기득권 세력의 핍박을 초래할 수밖에 없다.

죽더라도 바로잡을 수 있다면

만주벌에서 풍찬노숙하던 조선 청년 이우석
서로군정서에서 북로군정서까지 병서를 다 옮기고
불라디보스톡에서 사들인 신식 총
백두산 화룡혼 청산리 가져왔지

삼일 밤낮을 싸워 청산을 빛냈건만
마침내 부대원들 뿔뿔이 흩어져
로스케 한인부대 찾아갔지만
볼셰비즘에 물든 사람들과 다투다
시베리아에서 강제노동했지
시베리아에서 강제노동했지

눈보라 몰아치고 달님도 잠든 날밤
시베리아 탈출한 그 사내 다시 만주벌을 누비는데
조국은 해방됐지 그러나
상처뿐인 몸뚱이로 엿장수가 되었지

의혈남아 기개와 순정뿐인 그 사내

내 삶을 바꾼 한 구절

보상심사에서 빠지더니 18년 꼭 18년 만에
오만천 원씩 연금받았지

오만천 원씩 연금받았지
부인은 파출부로 여든일곱 그 사내
막노동판에서 노익장 자랑한다지

공장에서 첫 월급 12만 원 받아온 외아들
만주벌에서 풍찬노숙에서 하던
조선청년의 기쁨이지
만주벌에서 풍찬노숙에서 하던
조선청년의 마지막 희망이지

_민병일 시·이지상 노래, 〈살아남은 자의 슬픔〉

가사만 덩그러니 옮겨놓고 노래의 감동을 전달하려는 시도가
어리석다는 건 나도 잘 안다. 하지만 그렇게 해서라도, 가슴이
타는 것 같아 견딜 수 없는 이내 심정만큼은 전하고 싶다.

민병일의 시에 이지상이 곡을 붙인 〈살아남은 자의 슬픔〉만큼
"나라 위해 살면 인생 좆된다"는 처세의 진리를 더 핍진하게 노
래한 것도 없다. 나라 위해 목숨을 바치는 집안치고 잘되는 꼴
못 봤고, 나라 등지고 잇속을 꾀하는 것들치고 떵떵거리며 살지
않는 놈 없더라. 대를 이어 친일파가 득세하는 세상 아닌가.

독립운동가의 자식들은 만주 벌판을 전전하는 아비 덕에 끼
니조차 잇기 힘들게 살았고, 친일파의 자식들은 이미 당시에 일
본, 미국, 영국으로 유학을 가며 최고 엘리트 반열에 올랐으니
무슨 말을 하랴. 국내 기반이 없던 유학파 이승만은 반민특위를
해산하고 친일파 관료들과 그 자녀들을 중용했으니 이때부터
이 나라의 정의는 굽어졌고 이날까지 바로잡히지 않고 있다. 이
노래를 부른 이지상은 "거세되지 않은 반역의 역사는 언젠가 당
신의 목덜미에 복수의 칼날을 겨눌 것"이라고 경고한다. 그래서
일까, 지금 우리는 말도 안 되는 불의를 일상인 양 맞이한다.

프랑스의 드골은 비시 정부(제2차 세계대전 당시 나치스 독일과
정전협정을 맺은 뒤 온천도시 비시에 주재한 프랑스의 친親독일정부)
에 빌붙었던 친독파들을 숙청했고, 이것이 우리나라 현대사와
의 결정적 차이를 만들었다는 탄식을 언제까지 되풀이해야 하

는가. 오죽 분했으면 내가 사석에서, 3개월만 전권을 넘겨주면
암살당하는 한이 있더라도 이 나라의 일그러진 기강을 바로잡
겠다고 했을까. "정의를 강물처럼 흐르게 하라"는 말씀을 받잡
은 그리스도인들은 이런 현실을 어떻게 살아가야 하는가.

S M Lee '09
삼지구엽초

사랑으로 통하다

2009년 1월 11일 오늘은 날씨가 몹시 춥다. 그러나 일기는 화창하다. 점심 먹고 아내와 같이 한강변을 드라이브했다. 요즘 아내와의 사이는 우리 결혼 이래 최상이다. 나는 아내를 사랑하고 존경한다. 아내 없이는 지금 내가 있기 어려웠지만 현재도 살기 힘들 것 같다. 둘이 건강하게 오래 살도록 매일매일 하느님께 같이 기도한다.

_고 김대중 전 대통령의 마지막 일기 중 30일치 분량을 소책자로 정리한《인생은 아름답고 역사는 발전한다》

저도 제 안해를 사랑하고 존경합니다. 미국 코스타(KOSTA, 국제 복음주의 학생 연합회) 집회 강의가 끝나고 한 청년이 다가와 "전도사님은 어떤 분을 가장 존경하세요?"라고 물었을 때 한 치의 망설임도 없이 "저희 안해요"라고 답한 게 문득 생각납니다. 저는 진심으로 그녀를 존경합니다. 당신과 나는 정치적 지향점은 다르지만, 적어도 이 대목에서는 통했습니다. 이것도 인연이라면 인연인데, 제 안해가 건강하게 오래 살도록 기도할 적마다 홀로 된 당신 아내의 이름을 제 입술에 올리겠습니다.

신앙까지 때려잡은 반공

주님은 제게 3번 나타나셨습니다.

하나는 납치 당시 납치자들이 바다에서 저를 꽁꽁 묶어서 이제 막 물에 던지려고 들고 나가려는 순간 제 옆에 계신 모습으로 나타나셨는데, 그 순간이 제게 삶의 구원이 온 시간이었습니다. 두 번째는 재작년 제가 수사기관에 있을 때 "두려워 말고 믿기만 하여라"는 회당장 야이로에게 하신 말씀의 소리로 나타나셨습니다. 세 번째는 제가 여기 교도소로 온 직후 꿈에 나타나셨는데 죽음의 곳에 버려지기 위해 발가벗기어진 채 혹한 속에 수레에 실려 교외의 황야로 끌려갔을 때 하늘에서 내린 두 줄기 빛이 저와 저를 끌고 간 일꾼까지 따뜻하게 해주시면서 저를 다시 안전한 곳으로 데려오셨습니다.

저는 주님의 이 모든 저에 대한 사랑이 오직 저로 하여금 이웃과 이 사회를 위한 봉사의 한 도구로 삼으시기 위한 것으로 믿고 있습니다. 그리하여 저의 모든 것을 바쳐 주님의 선교에 동참할 결심입니다. 자유와 정의와 평화의 실현을 통해서 이 세상을 구원하시고 우리의 믿음을 높이시어 모든 사람을 영적으로 구원하시려는 주님의 역사에 온갖 정열과 노력을 다해 동참함으로써 여생을 바치겠습니다.

주여! 저는 힘없고, 흔들리고, 인간의 지혜를 앞세웁니다. 저
를 도우시고 바로 이끌어주소서.

_김대중, 《김대중 옥중서신》

이렇게 감동적인 은혜 체험과 자기 고백이 있음에도 신자 김
대중의 면모는 한국 교회에 거의 알려지지 않았다. 반면 그리
스도인이라 말하기도 부끄러운 김영삼, 이명박은 대단한 신
앙인으로 받들어졌다. 두 사람이 개신교 장로라는 것이 첫째
이유일 것이고(이희호 여사는 개신교 장로이지만 김대중은 가톨릭
신자이다), 햇볕 정책 같은 김대중식 정치가, 친미반공이라면
끔뻑 죽고 무조건 "아멘!" 하는 한국 교회의 정치적 입맛에 맞
지 않기 때문일 것이다.

김구 역시 독실한 개신교인이었지만 그런 사실은 거의 묻혀
있는 반면, 이승만이 한국전쟁이 터지자 목사들을 모아놓고 구
국 기도를 부탁했다는 일화만을 질리도록 반복하며 그의 신앙
심을 부각하는 것도 같은 맥락일 것이다. 이승만 역시 장로였고
그의 반공정책은 교회를 흡족케 하기에 충분했다.

반토건 성경

그때에는 세계 만민이 자기들의 무기를 녹여 평화의 농기구를
만들고, 자기들의 모든 군사비용을 복지사회 건설에 투자할 것
이다. 민족들이 더 이상 서로 싸우지 않을 것이다. 전쟁의 시대
가 영구히 지나갈 것이기 때문이다. 온 우주에 평화가 가득 차
서, 모든 군관학교들과 훈련소들이 폐지될 것이다.

_미가 4장 3절, 현대어성경

고아와 과부들에게 책정된 알량한 복지 혜택도 모조리 축소하
고, 멀쩡한 4대강을 파헤치는 데 22조를 쏟아부은 한 장로님이
계시다. 토건 공화국을 애통하며 금식하던 어느 날, 성경을 읽
다가 미가서의 저 유명한 구절이 이렇게 읽혔다.

그때에는 온 국민이 공사용 삽을 녹여 평화의 농기구를 만들고,
자기들의 모든 토건 비용을 복지평화생태사회 건설에 투자할
것이다. 백성들이 갯벌 간척이나 댐 건설 문제로 더 이상 서로
싸우지 않을 것이다. 야만적 토건 시대가 영구히 지나갈 것이기
때문이다. 온 국토에 평화가 가득 차서, 토건 마피아들의 악한

계획이 폐지될 것이다.

_미가 4장 3절, 반토건 성서

미국의 경우 무려 5천만 명이 의료보험이 없어서 아파도 병원에
못 가는 지경이지만 보험·제약 회사들의 로비 때문에 전 세계에
서 가장 형편없는 의료체계를 유지해야 하고(마이클 무어의 영
화 〈식코Sicko〉가 폭로하듯), 의지만 있으면 얼마든지 태양 에너지
중심의 경제로 전환할 수 있음에도 석유업체들의 기득권 때문
에 화석 연료 중심의 경제를 지속해야 하고(프란츠 알트의 말마따
나), 육식 중심의 식단으로 인한 건강, 환경, 기아 문제가 날로
악화되고 있는데도 낙농업계의 농간으로 '소고기를 넘어서지'
못하는 것처럼(제러미 리프킨의 지적대로), 우리나라도 토건 마피
아들 때문에 정권이 바뀔 때마다 지도를 바꾸는 거대 개발계획
이 발표되는 것이다.

　하지만 토건업체와 거기에 빌붙은 정치권만 죽일 놈은 아니
다. 우리 국민 역시 개발이라면 사족을 못 쓰는 몽매함에서 벗
어나지 않는 한, 토건 마피아의 입김이 가실 리 없다. 여기엔 논
리보다 미학이 관건이다. 무슨 말인고 하니, 자연이 빚은 모습

그대로 흘러가는 강보다 댐으로 막아놓은 강이 더 보기 좋고, 갈대와 환삼덩굴이 무성한 강변보다 공구리로 발라놓은 고수부지가 더 낫다고 하는 한, 어머니 대지의 젖가슴을 파헤치는 패륜의 삽질을 멈추게 할 수 없다.

회심한 바울의 눈에서 비늘 같은 것이 빠졌듯이, 하나님이 보시고 "좋다!"고 한 자연 그대로의 자태를 가난하고 뒤떨어지고 덜 문명화된 것으로 보게 하는 사악한 비늘이 우리 눈에서 벗겨지기를.

골리앗을 넘어뜨린 투표지

당신의 온몸으로 투표하라. 단지 한 조각의 종이가 아니라 당신
의 영향력 전부를 던지라. 소수가 무력한 것은 다수에게 다소곳
이 순응하고 있을 때이다. 그때는 이미 소수라고도 할 수 없다.
그러나 소수가 전력을 다해 막을 때 거역할 수 없는 힘을 갖게
된다.

_헨리 데이비드 소로, 《시민의 불복종》

선거철마다 최저 투표율 갱신 운운하지만 국민들이 볼멘소리
로 투표하고 싶지 않다고 하는 두 가지 이유가 있다. 하나는 맘
에 드는 사람이 없다는 것이다. 그리스도인의 입장에서 봐도 성
서가 제시하는 정의의 기준을 충족해줄 정치인은 거의 없다. 그
래서 흔히들 최선 대신 차선을 찾으란 말을 하곤 한다. 근데 실
제론 차선이 아닌 차악을 택해야 하는 경우가 태반이다. 솔직히
말하면 선거란 고아와 과부들의 고통을 조금이나마 덜어주려
고 숱한 최악 가운데 어렵사리 차악을 골라내는 행위라고 생각
한다.

그런데 그런 생각에 젖다보면 투표장에 가는 우리의 발걸음

에 힘이 빠진다. 젊은이들이 투표에 시큰둥해지는 가장 큰 이유 중의 하나는 '나의 한 표'가 무력하다고 느끼기 때문이다. 소로가 온몸으로 투표하라며 강변하는 걸 보니 그 시절에도 투표의 무능함을 느꼈던 사람이 많았나보다. 소로는 "기껏해야 그들은 선거 때 값싼 표 하나를 던져주고, 정의가 그들 옆을 지나갈 때 허약한 안색으로 성공을 빌 뿐이다"라고 비판한다.

　소로가 옳다. 투표는 손으로 하는 게 아니라 온몸으로 하는 거다. 다윗이 한낱 창과 검이 아닌 만군의 여호와의 이름으로 나아가, 손이 아닌 온몸으로 물맷돌을 던졌을 때 골리앗이 쓰러졌다. 우리도 한낱 후보나 정당의 이름이 아닌 정의의 하나님의 이름으로 나아가, 손이 아닌 온몸으로 투표용지를 던질 때 견고한 기득권의 구조와 불의한 체제가 무너질 수 있다. 비록 견고한 현실 앞에선 골리앗이 쓰러지기는커녕 어린 다윗이 거인의 손에 죽임을 당하는 경우가 대부분이지만 하나님의 눈에 다윗의 물맷돌은 결코 헛되지 않다. 그렇게 다윗은 전장에 나섰고, 우리는 투표장에 나서야 한다.

선교가 선교를 막다

문화와 언어가 다른 먼 곳에 가는 것이 선교라는 인식을 하고
있는 한, 선교사라는 말은 하나님의 화목케 하는 사역에 대한
우리의 이해를 제한한다.

_앨런 크라이더·엘리너 크라이더, 《크리스텐덤 이후의 예배와 선교》

선교란 말에 자동반사적으로 이국땅에서의 노방전도와 교회당
건립을 떠올린다면 이는 참된 선교적 삶에 되레 방해가 된다.
저자들의 말마따나 그동안 우리는 "복음 전파에는 몰두했지만
성경에서 말하는 샬롬과 하나님의 화목케 하는 사역의 여러 측
면에 대해서 거의 언급하지 않았다." 선교는 그저 복음 전파가
아니라 "하나님 자신의 본성과 특성의 반영"이며, 따라서 "샬롬
이야말로 하나님의 선교의 고갱이"이다.

이 책에서 조목조목 든 사례와 같이 소원해진 적들을 화목케
하기, 정의의 회복, 공동체 세우기, 지구 돌보기, 무기 거래 막
기, 건강한 먹을거리를 키우고 나누기, 친환경 운송 수단 제공
하기, 몸과 마음 치유하기가 다 선교 사역이다. "선교는 하나님
의 관심사만큼이나 넓다"는 것보다 새로운 선교의 개념을 더 잘

보여주는 말도 없다. 하지만 자칫 모든 것이 선교로 미화될 우려가 있다. 저자들도 무엇이 하나님의 화목케 하시는 선교인지 분별이 필요함을 잊지 않는다.

Song Sung Jou

양귀비

신앙의 반미주의자들

이러한 초기 냉전 시기 가정과 입양에 대한 미국인들의 사고를 보면 한국의 고아들에 대한 미국의 국제입양이 순수한 신앙과 인류애적 사랑에만 근거했던 것이 아니었음을 보여준다. 무엇보다 중요한 사실은, 이런 국제입양이 냉전 시기 미국과 한국 사이의 정치적 역학관계를 보여준다는 점이다. 거의 모든 입양 및 자선단체의 홍보용 그림은 언제나 인자한 백인 부부가 불쌍한 동양인 아이를 안고 있는 모습이었다. 가족의 가치를 최고의 덕목으로 여기던 미국 사회에서 그러한 그림은 미국인의 감성과 양심과 애국심을 자극했다. 나아가 그림 속 미국인 부모와 한국인 아이의 모습은 가족의 메타포로 미국과 한국을 묶었다. 즉 미국과 한국의 국제적 관계를 가족 이미지로 형상화하고, 이 과정에서 두 나라 간의 불평등한 힘의 관계가 합법화 혹은 미화되는 것이다. (인종적 타자를 유아화infantization하는 것은 힘의 불균형을 합법화하는 가장 고전적인 레토릭이다.) 제2차 세계대전이 끝난 후, 미국의 패권주의는 전 세계인뿐 아니라 미국인 안에서도 환영받지 못하고 있었다. 그 속에서 아시아를 향한 미국의 야심을 숨기는 가장 좋은 방법은 미국과 아시아의 관계를 가족 언어와 구조 속에 묶어버리는 것이었다. 즉 한국은 돌봄이 필요

내 삶을 바꾼 한 구절

259

한 어린아이로, 미국은 그 아이를 돌볼 책임이 있는 부모와 같은 나라로 묘사한 것이다.

이 전략은 오늘날 미국을 형님 나라 혹은 우리를 지켜주는 아버지 같은 나라로 이해하는 사람들의 의식 속에서 여전히 유효하다. 이들이 중요하게 생각하는 것은 언제나 미국과의 혈맹관계다. 심지어 한미 간 혈맹을 강조하기 위해 하나님과 이스라엘의 관계를 주적에 대항하는 혈맹관계로 설교하는 목사도 있다. 보수 기독교인들이 한미 FTA를 찬성하는 이유는 비기독교 보수단체의 그것과 다르지 않다. 그것이 한국의 경제와 안보를 지켜줄 것이라는 말이다. 힘의 불균형은 혈맹의 이름으로 합법화된다. 그리스도인들마저 이렇게 인식하는 현실은 슬프기 짝이 없다. 미국이 우리를 지켜주는 게 아니라 하나님이 지키신다는 기본적인 신앙도 저들에겐 없는 걸까? 애굽이 자신들을 지켜주리라고 믿었던 시드기야와 이스라엘 민족은 결국 하나님의 심판을 받았다. "도움을 구하러 애굽으로 내려가는 자들은 화 있을진저"(사 31:1).

_손태환, "우리 안에 있는 미국"

미국만 보면 꾸뻑 엎드리고, 미국을 아버지 나라, 큰형님 나라로 받들고, 미국 편 들지 않으면 마치 가족에 대한 배신처럼 여기는 분들이 놀랍게도 여전히 많다. 이는 세계 경찰, 아니 세계 부모인 미국이 우리를 자식처럼 돌봐준 결과라기보다 철저히 냉전 시대 국가 전략의 산물이다. 나는 순수한 자비심으로 전쟁고아를 입양해 친자식보다 더 지성으로 키운 미국인들의 사랑을 폄훼하고 싶지 않다. 다만 아무리 '도덕적 개인'이 넘쳐난다고 해도 국가란 국익을 위해 무슨 짓이든 할 수 있는 '비도덕적 사회'라는 말을 하려는 거다.

IMF 이후 신자유주의의 폐해가 사회를 강타하면서 미국이 아닌 북유럽을 모델로 삼자는 목소리가 커지고 있지만, 사회의 이런 흐름을 비웃기라도 하듯 교회는 되레 더 미국화 되어간다. 손태환 목사가 꼬집듯 "미국에서 수입한 경배와 찬양 부르기를 중단하고, 록펠러와 링컨을 설교 예화로 더 이상 쓰지 않고, 미국 대형교회의 프로그램을 치워버리고 나면, 거기에 한국의 얼굴이 있을까? 불행하게도 현실은 그보다 훨씬 심각하다. 미국은 우리가 생각하는 이상으로 오랫동안 한국인의 사고와 문화 그리고 신앙에 초자아적 영향력을 행사해왔다."

'반미주의자'라고 하면 펄쩍 뛰는 분들도 번영 복음, 스타 목회자 추종, 소비자 중심의 예배, 자아도취적 신앙, 사회정치적 극우성과 같은 미국산 신앙의 폐해를 느끼고 있다면 믿음에서 만큼은 반미주의자가 돼봄 직하다.

세상의 고통에 대한 예의

나는 의도적으로 하나님과 관련된 욕설을 내뱉고 그 이름을 모
독함으로써 교회 다니는 친구들을 충격 속에 몰아넣기 시작했
다. 그런 짓을 하면서도 나 스스로도 충격을 받았지만, 그 정도
로 강하게 시위를 해야 내게서 신앙이 떨어져나갈 것이라고 생
각했다. (…)

어릴 적에 이웃에 살던 감리교 집안의 행복한 평화는 내게 깊
은 인상을 남겼다. 그러나 이제 그 행복은 세상의 고통에 대한
예의가 아닌 것 같았다. 내 비록 거리낌 없이 대학이라는 데를
다니고 있지만, 상점과 공장에서 젊음을 바치고 그 후로는 같은
공장에서 노예로 일하는 남자들과 결혼할 수밖에 없는 내 또래
의 소녀들을 생각했다.

"만국의 노동자들이여, 단결하라! 잃을 것은 쇠사슬밖에 없
다." 마르크스의 이 구호, 내게 이보다 더 피 끓는 함성은 없
는 것 같았다.

_도로시 데이, 《고백》

평생 신앙인으로 살면서 이런 마음조차 없는 이들이 예수 믿는

다고 큰소리치는 게 가장 뼈아팠다. 교회는 젊은 날의 도로시데이 같은 이들이 둥지를 틀기에는 너무 좁고 이기적이다. 하지만 예수를 믿고도 이런 마음이 깃들지 않는다면 정녕 거듭난 것일까? 수전 손택Susan Sontag의 말을 빌리자면 "특권을 누리는 우리와 고통을 받는 그들이 똑같은 지도상에 존재하고 있으며 우리의 특권이 그들의 고통과 연결되어 있을지도 모른다는 사실을 숙고해 보는 것"조차 해보지 않는 이들이 과연 거듭난 사람일까, 나는 거듭 의심하고 의심한다.

조지 오웰은 《위건 부두로 가는 길》에서 말했다. "나는 심지어 지금도 만일 임신한 여자들이 땅속을 기어 다니지 않으면 석탄을 얻을 수 없다고 한다면, 우리가 석탄 없이 살기보다는 그들에게 그런 일을 시키리라 생각한다. 그것 덕분에 살면서도 우리는 그것의 존재를 망각한다. (…) 우리 모두가 누리고 있는 비교적 고상한 생활은 '실로' 땅속에서 미천한 고역에 시달리는 사람들에게 빚지고 얻은 것이다."

석탄 없이 살기로 결단하지는 못할망정 최소한 이런 빚진 마음이 없다면 그리스도인이라 할 수 있을까? 당시 영국이나 오늘날 한국이나 "노동 계급을 혐오하고 두려워하고 무시하도록 배운 어린 시절의 교육에 아직도 반응하고 있는 것"이 엄연한 현실이라지만 이웃 사랑의 계명을 받잡은 이들이 학습된 정서조차 뛰어넘지 못한다면 뭔가 문제가 있는 게 아닐까? 그리스도 안에 새로운 피조물이 이것 하나 바꾸지 못할 정도로 우스운 것인가?

요한과 김어준

신은 다섯 살 아이가 땅콩버터를 바르듯이
세상에 두루 은혜를 뿌리고 있다.
두껍게, 흘러넘치게, 열정적으로.
만일 우리가 더럽히지 않으려고
뒷광에만 숨어 있다면,
우리는 그것을 맛보지도 못할 것이다.

_도나 샤퍼, 고진하의 《그대 영혼에 그물을 드리울 때》에 수록

우리 집 아이들이 빵에 땅콩버터를 바를 적마다 이 글이 떠오른
다. '그래, 애들아. 빵에 떡칠을 하렴. 상이 더러워져도 괜찮아.
아빠가 닦아줄 테니. 하늘 아빠도 그리 해줄 거야.'

　T. S. 엘리엇은 "너무 멀리 가기를 마다하지 않는 자만이 얼
마나 멀리 갈 수 있는지 알 수 있다"고 말했다. 하이데거가 즐겨
인용했다는 횔덜린Hölderlin의 〈파트모스 찬가〉는 "위험이 있는
곳에 구원도 자라는 법"이라고 화답한다. 한국 교회는 두려움
이라는 지독한 병폐에 붙들려 있다. 나도 교역자로서 실족케 하
는 위험이나 목양의 심정을 모르는 바 아니다. 하지만 성도가

'스테레오 타입'에서 살짝만 벗어난 말과 행동, 조금만 평범하지 않은 생각과 옷차림을 내보이면 신앙에서 크게 어긋나는 것처럼 법석을 떠는 건 정말이지 봐주기 힘들다. 그러니 술자리, 동성애, 관상기도, 사회주의, '이교도'의 책 앞에선 벌벌 떨 수밖에.

주님은 사랑의 사도라 불리는 요한의 입을 빌려 사랑 안에 두려움이 없다고 했다. 세상을 소란케 할 자들이 뭘 두려워하나. 애초에 스캔들로 부르심을 받은 우리가 아닌가. 주님이 제자들에게 손수 보이신 모본은 겁 없이 안식일 같은 종교적 관행을 깨뜨리고, 구약을 파격적으로 재해석하는 것이지 않았나. 그 주님이 오늘은 요한 대신 김어준의 입을 빌려 말한다. 귀 있는 자는 들을지어다.

"쫄지 마, 씨바!"

5

끝없이 패배하는 삶을
한없이 긍정하다

개길 수 없으면 은혜가 아니다

아브라함과 모세에서부터, 야곱, 예레미야, 베드로, 바울에 이르는 성경의 위대한 인물들도 하나같이 갈등으로 점철된 삶을 보여 줍니다. 그들은 하늘에 저항합니다. 지나치게 많은 것을 요구하시는 듯한 하나님께 고분고분하지 않습니다. 그러면서도 하나님과 화해하는 모습을 보여줍니다. 하나님은 곧바로 포기하는 이들보다는 그분과 맞붙어 싸우려는 이들을 사랑하십니다!

성경의 인물들은 하나님과 싸우면서 성장했습니다. (…) 실로 그들은 참인간이었습니다! 그들은 자신을 변호할 줄 알았고, 쉽게 물러서지 않았습니다. 따라서 그들이 하나님께 의탁했다는 것은 어린아이가 부모의 호의를 얻기 위해 의존하는 것과는 전혀 다릅니다. 그들이 보여준 의탁은 남자다운 용기에서 나온 행동이었습니다. 그 결과, 그들은 충만한 인간이 되었고 인류 역사가 새로운 계절로 진입할 수 있도록 길을 열어주었습니다.

_폴 투르니에, 《인생의 사계절》

하나님은 우리가 아무 감정도, 한 점 갈등도 드러내지 않고 그저 보암직한 모습으로만 하나님을 대하려고 하는 '신앙봇'이 아니라, 그분에게 맞서고, 개기고('개개다'가 바른 표현이지만 여기서는 요즘 사람들이 많이 쓰는 '박박 대들다, 할 일을 하지 않고 버틴다'는 의미를 살려 적었다—편집자 주), 막말을 하면서 참된 인간이 되어가기를 원하신다. 안타깝게도 은혜란 자고로 고상하다고만 믿는 이들은 천하고 독한 하나님의 은혜 때문에 시험에 드는 법이다. "나로 말미암아 실족하지 아니하는 자는 복이 있도다"(마 11:6)라고 하신 주님, 찬미 받으소서.

하나님과 갈등을 빚을 수 있다는 것은 그만큼 가깝다는 뜻이기도 하다. 아빌라의 데레사만큼 하나님을 '디스'함으로 친밀감을 보여준 분도 없다. 수녀원 창립에 참가하려 했던 노구의 데레사는 악화된 건강과 유래 없는 1월의 폭우와 추위 때문에 다른 사람을 보내려 했다가 충고자이신 하느님의 꾸중을 들었다. "추위 따위에 마음 쓸 필요가 없다. 나야말로 참된 태양이 아니냐? 악마는 이 창립을 훼방하려고 안간힘을 쓸 것이다. 너는 나의 이름으로 전력을 다하여라. 네가 가야 한다. 그것이 반드시 큰 도움이 되리라"고 하셔서 순종함으로 동행들과 함께 길을 떠났다. 중간에 몸 상태가 더 나빠지자 의사는 지금 돌아가지 않으면 몸을 움직일 수 없을 중태에 빠질 거라

고 경고했지만 계속 여행을 강행했다. 그러던 중 엄청난 폭우
에 다리가 떠내려가고 임시로 놓은 다리밖에 없는 강을 건너
가야 했다. 여인숙 주인은 통행이 가능할 때까지 2, 3일 기다
리라고 간청했지만 성인들 중에 가장 고집이 센 데레사는 "내
가 언제 너를 돕지 않은 때가 있었는가?"라고 말씀하신 주님
을 기억하며 도강을 감행했다. 그때 이런 일이 벌어졌다.

벼랑 위에 있던 이들은 어머니(데레사)가 탄 헌 마차가 부교에
서 급류 위로 미끄러져 매달려 있는 것을 보았다. 어머니는 무
릎까지 물에 잠기며 마차에서 뛰어내렸는데 민첩하지 못해서
조금 다쳤다. 여느 때처럼 하느님께 부르짖었는데 지금은 탄식
을 했다.
"주님, 엎친 데 덮친 격으로 이런 일을 당하게 하시다니
요…."
주님은 대답하셨다.
"데레사, 나는 이런 식으로 친구를 대한단다."
"아, 주님, 그러니까 주님은 친구가 그렇게 적으시죠!"

웃음이 안 나올 수가 없다. 다시 말하건대 사이가 틀어지고 하나님에게 개기는 거야말로 그분과의 관계가 인격적이란 반증이다. 수학 공식처럼 원칙적이기만 하다면 그거야말로 기계적 관계가 아닐까. 하나님에게 실망이 클 때는 괜히 '쿨'한 척하지 말고 그분에게 좀 과격할 정도로 솔직해지는 게 훨씬 낫다. '날것 그대로의 심령'이야말로 주께서 가장 바라시는 것이다.

독미나리

무엇을 준대도 놓치고 싶지 않은

모리 선생님은 큰아들 사진을 보면서 이렇게 말했다.

"사람들이 자식을 낳아야 되느냐 낳지 말아야 되느냐 물을 때마다, 나는 어떻게 하라곤 말하지 않네. '자식을 갖는 것 같은 경험을 대신할 만한 것은 없지요'라고만 간단하게 말해. 정말 그래. 그 경험을 대신할 만한 것은 없어. 친구랑도 그런 경험은 할 수 없지. 애인이랑도 할 수 없어. 타인에 대한 완벽한 책임감을 경험하고 싶다면, 그리고 사랑하는 법과 가장 깊이 서로 엮이는 법을 배우고 싶다면 자식을 가져야 하네."

"옛날로 되돌아간대도 자식을 낳으실 거예요?" 내가 물었다.

나는 사진을 힐끗 보았다. 아들 롭이 아버지의 이마에 키스하고 있고, 선생님은 눈 감고 웃고 있는 사진을.

"옛날로 되돌아간대도 자식을 낳을 거냐고?"

그는 놀란 표정으로 날 보면서 반문했다.

"미치, 난 그 무엇을 준대도 그런 경험을 놓치고 싶지 않네. 비록…."

모리 선생님은 침을 삼키고 사진을 무릎에 내려놓았다.

"비록 치러야 할 고통스런 대가가 있긴 하지만."

"그들을 두고 떠나셔야 하니까요?"

"그래. '곧' 그들을 두고 떠나야 하니까."

그는 입술을 꾹 다물고 눈을 감았다. 나는 그의 뺨에 흐르는 눈물을 보았다.

_미치 앨봄, 《모리와 함께한 화요일》

어디 치러야 할 대가가 자식을 두고 먼저 세상을 떠나야 하는 것뿐일까. 육체적 피곤함과 경제적 곤경, 늘 따라다니는 시공간의 속박과 매일 자신을 책망하게 되는 인격의 한계는 기본이다. 이전엔 겪어본 적 없는 무한한 책임감에 눌리고, 오래전부터 꾸어온 꿈을 눈물로 포기하고, 생각지도 않은 방향으로 인생 항로를 바꾸고, 소소한 생활의 즐거움을 포기하고, 매력적이던 젖가슴이 처지고, 눈가에 주름이 하나둘 늘고… 아이가 없다면 겪지 않아도 될 일을 너무나 많이 감당해야 한다.

그럼에도, 그럼에도 말이다, 아이를 넷이나 낳아 키웠지만 지금도 내 대답은 변함이 없다. 이 초록별에 태어나 한 생명의 부모가 되는 것보다 더 큰일은 없다. 내 대답이 앞으로 어떻게 바뀔지 모르지만 아직은 이보다 더 보람 있는 일은 없다.

아이는 윤리의 창시자

어떻게 내가 너 안에 흡수되지 않고 나를 잃지 않으면서 너의
타자성 안에서 나로 남을 수 있을까. 어떻게 자아는 자신에게
타자가 될 수 있는가. 아버지가 되는 길 외에는 다른 길이 없다.
아버지의 존재는 전적으로 타인이면서 동시에 나인 '낯선 이'와
관계하는 것이다.

_에마뉘엘 레비나스, 《시간과 타자》

타자성의 철학자 레비나스는 자녀를 '타자가 된 나'로 불렀다.
그는 우리가 부모가 됨으로써 자신에게로 영원히 회귀하는 굴
레(이기주의)에서 해방된다고 믿었다. 자녀를 낳고 키우는 것은
닫힌 내면성의 세계, 즉 인간의 유한성에서 밖으로 초월할 수
있는 통로이다. 자녀는 자유롭고 안락한 삶을 위협하는 타자로
느껴질 수도 있다. 하지만 우리의 그러한 자유가 얼마나 자의적
이고 폭력적인지 발견할 때 참된 의미의 윤리가 시작된다. 자녀
가 많은 자가 복되다는 시편 구절은 농경시대의 케케묵은 격언
에 머물지 않고 레비나스를 통해 대안적 삶의 방식으로 읽힌다.
　레비나스의 말마따나 우리네 시간은 항상 아이를 통해 다시

젊어지고 푸름을 띠게 된다. 육신의 자녀뿐만 아니라 영적 자녀를 낳고 키운다면 스스로에게 갇히는 삶을 벗어나 늘 푸름을 만끽하는 만년 젊은이forever young로 살아갈 한 방편을 얻는 것이리라.

누구도 침해할 수 없는 자유

경험적 차원에서 보면, 인간은 얼마든지 다르게 행동할 수 있다
는 걸 수용소 생활은 우리에게 여실히 보여준다.

안팎으로 궁지에 내몰린 상황에서도 인간은 자신의 태도를
결정할 수 있는 내적 자유를 유지할 수 있다는 사실을 깨닫는다.

강제수용소에 있어본 우리들은, 연병장에서 혹은 바라크 안
에서 주위 동료들을 위로하면서 자신들의 마지막 남은 빵 한 조
각마저도 주어버리던 사람들의 모습을 똑똑히 기억하고 있다.
비록 소수에 불과했다 하더라도, 그들은 강제수용소가 다른 건
다 강탈할 수 있어도 인간이 가진 마지막 자유, 즉 어떤 주어진
상황에서 또 다른 태도를 가질 수 있는 자유만큼은 건드릴 수
없다는 사실을 여실히 입증하는 생생한 증거였다.

_빅터 프랭클, 《삶의 의미를 찾아서》

다른 입장, 다른 행동, 다른 얼굴을 할 수 있는 자유. 이것만큼
인간을 위대하게 만드는 것이 또 있을까. 가공할 환경결정론은
빅터 프랭클 앞에 백기를 들고 만다. 대학교 신입생 때 같은 과
선배가 손에 쥐어준 빅터 프랭클의 책. 그는 내게 인간처럼 나

약한 존재도 없지만 인간처럼 위대한 존재도 없음을, 인간만큼 환경의 지배를 받는 존재도 없지만 인간만큼 환경을 초월하는 존재도 없음을, 인간만큼 사악한 존재도 없지만 인간만큼 선한 존재도 없음을 알게 했다.

거듭 말하지만 이 양편의 모순을 아우르는 긴장을 거부하고 한쪽을 택하는 데에서 세상의 모든 악마성과 나이브함이 비롯된다.

불순함의 옹호자 예수

> 종교적인 것이든 정치적인 것이든 모든 교조주의, 근본주의의
> 심리적 뿌리는 순수(결)성에 대한 욕망입니다. 저는 말할 나위
> 없이 불순不純함의 편입니다. 순수함에 대한 열정, 순결함에 대
> 한 광기狂氣는 결국 불순함에 대한 증오, 요컨대 타인에 대한 증
> 오로 이어지기 때문입니다. 우리는 역사상 그 순수함에 대한 집
> 착이 가져온 가공할 만한 재해를 수없이 목격했습니다.
>
> _고종석, 《고종석의 유럽통신》

자신의 순결치 못함을 관용하지 않는 것이 여러 비극의 뿌리가
된다. 자신의 불순함을 견디지 못할 때 정신질환에 걸린다. 자
신의 불순함을 참지 못할 때 다른 이들의 불순함도 참지 못한
다. 다른 이들의 불순함이 자기 안의 불순함을 불편하게 떠올리
게 하기 때문에 그들을 없애고 싶은 것이다. 세상의 모든 근본
주의는 그렇게 생겨난다. 아우슈비츠와 킬링필드까지 세상의
모든 학살은 그렇게 생긴다. 딴소리 같지만 학내 폭력도 그렇게
생겨난다. 일진들이 '찌질한 새끼'라며 힘없는 급우를 괴롭히는
건 그 아이의 찌질함이 자기 안의 찌질함을 떠올리게 하기 때문

이다. 결국 약자에 대한 폭력은 찌질함이라는 자신 안의 불순함을 관용하지 않기 때문에 비롯되는 것이다. 미셸 트루니에 Michel Tournier는 "순수성이라는 악마에 사로잡혀 인간은 자기 주위에 죽음과 파멸을 뿌린다"고 했다. 바리새인들처럼 율법에 순결한 이들이 없었다. 그들은 그 순결함으로 다른 이들에게 폭력을 가했다. 자신들도 천국에 들어가지 못할뿐더러 다른 이들까지 막았다. 우리는 그리스도의 순결한 신부로 부름을 받았다. 하지만 자신이 그리스도의 신부로 영적 혼전 순결을 지킨다고 해서 다른 이들에게 순결을 강요해서는 아니 된다. 혼전 성관계로 몸을 더럽혔다고 정죄를 당한 이들이 정작 더 아름다운 그리스도의 신부가 될 수 있는 것이 은혜의 세계이다. 불순함이야말로 가장 순도 높은 순결함일 수 있다. "순결한 예수 참 아름다워 봄 같은 기쁨 주시네"(예장 어린이 찬송가 30장 〈만유의 주재〉). 주님은 누구보다 순결하시나 누구보다 불결한 이들을 옹호했다. 예수는 다분히 의도적으로 바리새인의 순결병에 시비를 걸었다. 예수와 바리새인의 충돌은 실상 순결함에 대한 옹호와 불순함에 대한 옹호의 충돌이었다. 순결에 대한 근본주의적 열망과 불순에 대한 박애주의적 관용의 싸움이었다.

단 한 잔의 술

유르스나스의 《하드리아누스의 회상록》을 보면, 술에 대한 더 할 나위 없이 아름다운 이런 구절이 나온다. "술은 우리에게 흙의 신비를, 숨겨진 광물의 풍성함을 가르쳐준다. 정오의 충만한 태양 속에서, 혹은 겨울밤 피곤한 상태에서 마시는 사모스산 포도주 한 잔은 텅 빈 횡경막에 뜨거운 흐름을 직접적으로 느끼게 해준다. 확실하고도 불타오르는 듯한 느낌이 동맥 구석구석에 퍼진다. 그것은 거의 성스러운 느낌에 가깝다." 정말 이 구절은 "빛의 축복을 받고 천둥 치는 신으로부터 포도주의 환희는 나온다"라는 횔덜린의 시를 실감나게 하는 체험을 기록한 듯하다. 이러한 성스러운 체험은 오로지 절제된 '단 한 잔의 술'로부터만 가능할 것이다.

_서동욱, "절제된 술의 환희를 아는가"

성서에서 술은 하나님의 선물이며 은총의 지표이다. 이스라엘이 야훼의 심판을 받으면 포도주 생산이 그쳤고, 노여움을 푼 야훼의 회복 선포는 포도주의 넘침으로 표현되곤 했다. 이런 관점에서 보자면 평생 술을 입에 대지 않기로 서원한 나실인이 아닌 한 술을 마시지 않은 것이 죄가 될 판이다. 이븐 알 파리드Ibn al-Farid 역시 술 마시는 것이 죄가 아니라 술을 참으면 죄가 되는 역설을 노래했다. 그에 의하면 취하지 않고 세상을 사는 건 진정으로 산 것이 아니다.

하지만 어리석은 인간들은 이 선물에 중독되었고 교회는 이에 대한 반동으로 술을 악마시했다. 한국 사회에 만연한 폭음을 대체할 수 있는 대안은, 술이라면 무조건 인상부터 찌푸리는 '묻지 마 정죄'는 아니다. 절제된 술. 이것이야말로 한국 교회가 추구해야 할 금/음주의 방식이 아닐까. 무엇에든 절제 안에 감동의 최고봉이 있다. 《채근담》의 가장 설레는 구절 중 하나는 "꽃은 반만 핀 것을 보고 술은 조금 취하도록 마시면 이 가운데 무한한 가취佳趣가 있다"는 것이다.

나는 술 취함과 방탕함이라면 질색을 한다. 그렇다고 해서 그 아름다운 술이 남의 목구멍으로만 들어가게 놔둘 만큼 너그럽지는 않다. 그런 점에서 벗님들과 잔을 부딪칠 때 나는 소리만큼 좋은 게 없다고 할 정도로 술자리를 사랑하면서도 정작 위가 약해서 맥주 두어 잔이 고작인 내 모양이 참 감사하다.

죽임당한 미의 하나님

> 우리가 읽는 작품의 예술적 미를 열정적으로 즐기고 또한 하나
> 님을 우리가 즐기는 미의 궁극적 근원으로 인식함으로써 (하나
> 님께) 영광을 돌릴 수 있다.
>
> _릴런드 라이컨, 《상상의 승리》

이 뻔한 말을 내가 군이 인용하는 것은 예술을 도덕의 잣대로만
판단하는 사람들이 아직도 교회 안팎에 득시글하기 때문이다.
언제까지 선善의 하나님으로 미美의 하나님을 단죄하려는가. 작
품이 담고 있는 가치가 기독교적이지 않으면 무조건 경계하거
나 폐기하고 보는 근본주의적 악습은 대체 언제쯤 끝이 나려나.
역설적이게도, 예술 작품이 구현한 사상에 동의하지 않더라도
그 작품의 형식미와 심미성만큼은 정당하게 평가했던 최초의
사람들은 기독교인들이었던 것 같다. 독일의 고전문학자 베르
너 예거는 그리스의 교육과 문화에 관한 20세기 최고의 명저로
꼽히는 《파이데이아》에서 이렇게 말했다.

　고전 시인들의 윤리적 및 종교적 교훈의 대부분을 잘못되고 경

건치 못한 것으로 거부하면서도 그 작품 속에 내포된 형식적 요인들만은 유익하고 심미적인 즐거움으로 받아들이는 것을 가능하다고 가르쳐준 것은 기독교인들이었다.

까마득한 과거에 이미 이런 훌륭한 통찰을 지녔건만, 왜 우리는 아직도 내용과 형식조차 구분하지 못하는 치기를 보이는 걸까? 그리스도인들이란 대체 진보를 모르는 족속 같다.

자주솜대

Haejeong 2010

뉴턴의 만유인력, 힐데가르트의 성인력

거룩한 사람은 땅의 모든 것을 자신에게로 끌어당긴다.

_가브리엘레 울레인 엮음, 《빙엔의 힐데가르트와 함께하는 묵상》

중세 작곡가, 예언자, 시인이며 자연치료사인 빙엔의 힐데가르트의 명구名句 중 하나다. 나는 여기에서 성인력聖引力이란 어휘를 조어했다.

남우세스런 말이지만 내가 참으로 신에게 받음 직하게 살았던 시절, 사람들은 내 얼굴에서 천사의 얼굴을 보았다고들 했다. 대체 누가 나를 미워할 수 있겠느냐고 했다. 그때에는 나와 사귐을 갖는 이들이 내게, 아니 정확히 말하면 내 안의 주님께로 이끌리는 것을 확연히 느낄 수 있었다. 그 힘이 조금은 남아 있어서인가. 지금도 많은 경우, 사람들은 나와 우리 가족을 선대하고 귀히 여겨준다.

성인력은 사람에게만 해당되지 않는다. 성 프란체스코에게 새들이 친근하게 날아든 것처럼, 사람을 두려워하는 피조물도 거룩한 사람은 믿고 따른다. 내가 정말 하나님께 보암직하게 살았을 적엔 나비와 잠자리도 나를 마다하지 않았다. 나비를 가까

내 삶을 바꾼 한 구절

이 보고 싶어서 주님께 달아나지 않게 해달라고 기도하면 얼굴을 바투 대고 보아도 꽃잎에 그대로 앉아 있었다. 말뚝에 앉은 잠자리에게 입을 맞추면 내 입맞춤을 몇 차례나 받고도 한참을 떠나지 않았다. 내가 초록으로 보이는 듯, 여치나 무당벌레 등이 날아와 내 몸에 앉은 경우는 셀 수 없을 정도로 많다.

이와 관련하여 내게 회복에 대한 간구가 세 가지 있다. 하나는《하나님의 임재 연습》을 썼던 로렌스 형제처럼, 한시도 떠나지 않았던 하나님의 선명한 임재 의식 가운데 그분과 행복하기 이를 데 없이 사귐을 나누었던, 도무지 말로는 표현할 길 없는 예전의 그 기쁨과 평안을 회복하고자 하는 기도이다. 그때에는 이 죄 많은 세상을 보며 근심하시던 주님께서 얼마나 내 안에서 쉬시기를 즐거워하셨으며 그로 인해 노을빛 물결이 내 안에서 얼마나 아름답게 출렁였던가! 신이 가장 머물기 좋아하는 장소가 사람이란 것을 그때처럼 진하게 체휼한 적도 없었다.

둘째는 우리 안해를 하루라도 기쁘게 해주지 않고는 견딜 수 없었던《밀월일기》시절처럼 안해를 철없이 눈멀게 사랑하고자 하는 기원이다. 내가 안해를 그토록 살갑고도 애틋하게 사랑했을 때 내 영혼이 얼마나 날아갈 듯 사뿐했던가. 길가의 꽃들조

차 순순히 내 손에 꺾이기를 다투어 바라고 안해에게 안기기를
사모하지 않았던가!

셋째는 어떤 경우에라도 사람이 하나님의 형상임을 잊지 않
고 내가 스쳐 지나치는 모든 이웃을 사랑의 눈으로 보고자 하는
기원이다. 전철을 타면 건너편에 앉아 졸고 있는 이이도 거룩한
하나님의 형상, 날카로운 눈매가 좀체 가까이하기 어려워 보이
는 저이도 아름다운 하나님의 형상, 이유 없이 나를 무시하는
듯한 얼굴로 쳐다봤던 그 사람도 내가 품고 사랑해야 할 사람임
을 되새겼던 그때의 그 눈길을 회복하고 싶다. 주위 사람들이
아무리 나를 화나게 해도 하나님의 형상임을 떠올렸던 그때의
그 마음을 되찾고 싶다.

변두리 성자의 태극권

> 변방과 중심은 결코 공간적 의미가 아니다. 낡은 것에 대한 냉철한 각성과 그것으로부터의 과감한 결별이 변방성의 핵심이다. 그렇기 때문에 변방이 창조 공간이 되기 위한 결정적 전제는 중심부에 대한 콤플렉스가 없어야 한다는 것이다. 중심부에 대한 환상과 콤플렉스가 청산되지 않는 한 변방은 결코 새로운 창조 공간이 될 수 없다.
>
> _신영복, 《변방을 찾아서》

성서를 보면 하나님은 항상 변두리에서 구원의 역사를 시작하시는 못된 습관을 갖고 있다. 부전자전 아니랄까봐 그분 아드님은 한술 더 떠 '성문 밖'으로 표상되는 변두리를 아예 구원의 장소로 바꾸어놓았다. 나도 이들 부자에 기대어 '변두리 성자(분 닥세인트)'의 신학을 10년 넘게 풀어내고 살아가려 나름 애쓰고 있다.

그런데 현실을 보면 변두리는 중심부를 향한 열등감에 찌들어 있다. 이 수치심이 해소되지 않으면 아무리 변두리 성자를 자청한들 '찌질이' 그 이상이 될 수 없다. 피에르 부르디외가

《구별짓기》에서 보여주듯이 상징폭력은 중하층이 상류층의 욕망을 욕망할 때 발생하고, 이 구도가 유지되는 한 중심은 변방에 군림한다. 언젠가 강준만 교수 역시, 대한민국을 바꿔보려는 열정보다 상류층에 편입하려는 열망이 더 큰 이상 전 인구의 한 자릿수밖에 안 되는 상류층의 이해관계가 다수결의 원리로 관철되는 불의가 지속된다고 했다.

중심부는 이 불의를 지속하기 위해 자신들의 삶을 선망의 대상으로, 태초부터 반복되는 표현을 빌리자면 "보암직도 하고 먹음직도 한" 것으로 보이고 싶어 한다. 《꽃들에게 희망을》의 한 대목만큼 이런 발상을 생생하게 보여주는 것이 없다.

이것이 '올라가는' 유일한 길이라고 여전히 믿고 있을 때, 그(줄무늬 애벌레)는 꼭대기에서 이렇게 속삭이는 소리를 들었습니다. "야, 이 꼭대기에는 아무것도 없구나!" 다른 애벌레가 대꾸했습니다. "이 바보야, 조용히 해! 저 밑에서 듣잖아. '저들이' 올라오고 싶어 하는 곳에 우리는 와 있는 거야. 여기가 바로 거기야." 줄무늬 애벌레는 등골이 오싹했습니다. 이렇게 높이 올라온 것이 별 것이 아니라니! 아래에서 볼 때만 좋은 것처럼 보였을 뿐이었구나.

_트리나 폴러스, 《꽃들에게 희망을》

좀 엉뚱하지만 나는 이 대목에서 태극권을 생각한다. 태극권의 기본 철학은 상대의 힘에 저항하지 않으면 그 힘이 느껴지지 않는다는 데 있다. '더 많이 벌고 더 많이 쓰는' 주류의 행복법칙을 무시해버리면 상징폭력이 더 이상 내게 힘을 쓸 수가 없다. 따라서 지배질서에 저항한다는 것은 훌륭하지만 그것만으론 충분치 않다. 중심부의 욕망을 비웃으며 "그런 건 개나 줘버려. 난 생긴 대로 살 거라구" 하며 너털웃음을 짓는 못난이들이야말로 체제에 대한 가장 강력한 위협이 된다.

본회퍼의 방법적 회의

나는 누구인가?
남들은 가끔 나더러 말하기를
감방에서 나오는 나의 모습이
어찌나 침착하고 명랑, 확고한지
마치 자기 성에서 나오는 영주 같다는데

나는 누구인가?
남들은 가끔 나더러 말하기를
교도관과 말하는 나의 모습이
어찌나 자유롭고 친절, 분명한지
마치 내가 그들의 상관 같다는데

나는 누구인가?
남들은 또 나에게 말하기를
불행한 하루를 지내는 나의 모습이
어찌나 평온하게 웃으며 당당한지
마치 승리만을 아는 투사 같다는데

남이 말하는 내가 참된 나인가?

나 스스로 아는 내가 참된 나인가?

새장에 든 새처럼 불안하고 그립고 약한 나

목을 졸린 사람처럼 살고 싶어 몸부림치는 나

색과 꽃과 새소리에 주리고

좋은 말 따뜻한 말동무에 목말라하고

방종과 사소한 굴욕에도 떨며 참지 못하고

석방의 날을 안타깝게 기다리다 지친 나

친구의 신변을 염려하다 지쳤다

이제는 기도에도, 생각과 일에도

지쳐 공허하게 된 나다

이별에도 지쳤다―이것이 내가 아닌가?

나는 누구인가?

이 둘 중 어느 것이 참된 나인가?

오늘은 이 사람이고 내일은 저 사람인가?

이 둘이 동시에 나인가?

남 앞에선 허세, 자신 앞에선 한없이

불쌍하고 약한 나인가?
이미 결정된 승리 앞에서
무질서에 떠는 패잔병에 날 비교할 것인가?

나는 누구인가?
이 적막한 물음은 나를 끝없이
희롱한다
내가 누구이든
나를 아는 이는 오직 당신뿐
나는 당신의 것이외다
오! 하나님.

_디트리히 본회퍼, 《나를 따르라》

데카르트가 의심에 의심을 거쳐 생각하는 자신의 존재만큼은 의심할 수 없음을 깨달았다면, 본회퍼는 자신이 누구인지 의심에 의심을 거쳐 하나님의 것이라는 의심할 수 없는 최후의 보루에 도달한다.

옥중에서 쓴 본회퍼의 이 유명한 시는 숱한 그리스도인의 공감을 자아냈다. 나 역시 본회퍼가 탄식한 '두 얼굴의 사나이'에 직면할 때마다 시큼한 신음을 내뱉곤 했다. 하지만, 이제는 안다. 하늘과 지상, 영적 세계와 자연 세계에 동시에 속해 있는 이 중성이야말로 헤아릴 수 없는 신비이며, 우리네 삶에 부유함을 가져다주는 원천임을 말이다.

두메부추

백년해로의 급진성

결혼이라는 것은 당신들 서로의 사랑 이상의 것입니다. 결혼은 보다 높은 존엄성과 힘을 가지고 있습니다. 왜냐하면 그것은 하나님께서 주시는 성스러운 선물이며, 하나님께서는 결혼을 통해서 인류를 세상 끝까지 유지하려고 하시기 때문입니다. 당신들은 당신들의 사랑에 있어서 이 세상에 단둘이라고만 생각합니다. 그러나 결혼에 있어서 당신들은 인류의 연쇄의 일환인 것이며, 결혼은 하나님께서 자기 자신의 영광을 위해서 오게 하시고 또 사라지게 하시고 또한 그의 나라로 부르시는 것입니다. 당신들의 사랑에 있어서 당신들은 당신들만의 행복의 천국을 볼 뿐이지만 당신들은 결혼에 의해서 이 세상에 대한 책임을 지게 되며 인간으로서의 책임이 주어지는 것입니다. 당신들의 사랑은 당신들만의 것이며 개인적인 것입니다. 그러나 결혼은 초개인적인 어떤 것이며 하나의 신분, 하나의 직무입니다.

_디트리히 본회퍼, 《옥중서간》

결혼을 두고 구원 사역의 전초기지니 하나님나라의 아지트니 해서 막중한 의미를 부여한 적이 있었다. 그러다 '향유와 축제의 영성'에 눈을 뜨고 나서 결혼이란 고달픈 삶에 기쁨의 향신료를 뿌려주는 하나님의 선물임을 알게 되었고, 이후론 결혼을 지나치게 사역적인 측면에서 보려는 시도를 못마땅하게 여겼다. 사실 결혼을 한껏 누리면 사역도 절로 이뤄진다. 한 몸을 이룬 두 사람이 아롱지게 사는 것보다 구원과 하나님나라를 가장 잘 북돋는 것도 없기 때문이다. 하지만 그렇다고 해서 결혼이 갖는 우주론적 의미를 송두리째 부인하는 것도 지혜롭지 못하다. 본 회퍼가 쓴 '옥중에서의 결혼식을 위한 설교'는 이런 점에서 근사한 균형을 보여준다.

더구나 관계에 대한 헌신을 낡아빠진 가치로 간주하는 사회에서 결혼은 성서적 가치의 담지자로 새롭게 빛을 발한다. 존 캐버너의 《소비사회를 사는 그리스도인》에 의하면, 헌신적이고 희생적인 사랑이 불가능하며 심지어 부정적이라고 말하는 문화에서는 평생에 걸친 언약을 지켜가는 이들이야말로 가장 급진적인 사람들이다. 가부장제 사회에서 결혼이 합법적인 억압과 착취의 수단으로 오남용 됨을 경계해야 하지만, 모든 관계를 '상품 형식'으로 치환하는 소비사회에서 '돕는 자'로 사는 결혼생활만큼 '인격 형식'의 진수를 맛보게 해주는 것도 없다. 백년해로와 같은 케케묵은 상투어구가 전복성을 띠고 첨단사회에 묵직한 어퍼컷을 날리는 꼴이, 통쾌하면서도 어째 좀 씁쓸하다.

〈제2차 바티칸 공의회 문헌〉 중 "현대 세계의 교회에 관한 사목 헌장" 47항은, 개인의 구원은 물론이거니와 "일반사회와 그리스도교 사회의 구원"조차 "부부 공동체와 가정 공동체의 행복한 상태에 직결되어 있다"라고까지 선포한다.

진부한 결혼이 세상을 구원한다.

연약한 자 사이로 그분을 따라가다

우리는 우리 자신의 가난함과 상처와 연약함을, 우리의 모든 능력과 부요함과 권력, 심지어 다른 이들에게 후하게 베푸는 행위로써 숨기려고 합니다. 우리가 부름받은 그 길은 이렇게 숨겨놓은 우리의 가난함과 상처와 연약함을 발견하고 기꺼이 받아들이는 데서부터 출발해야 합니다.

가난한 이들은 우리의 한계와 어두운 부분들과 근본적인 궁핍함을 보게 합니다. 그것이 그토록 자주 우리가 그들을 무시하고 배척하고 가두려 하는 이유입니다. 그 결과 우리는 우리 자신을 외면하게 되며, 우리가 얼마나 사랑받고 있는지를 그들이 우리에게 드러내 보이지 못하도록 만듭니다.

그렇습니다. 가난한 자들은 나를 혼란스럽게 만듭니다. 이해와 사랑을 받기 위해, 또한 자신들의 기회를 얻기 위해 내지르는 그들의 예언적인 외침은 나의 완악함과 이기심과 죄를 드러내주었고, 모든 내적 변화에 대한 나의 저항감을 드러내주었습니다. 그리고 내가 나만의 문화와 두려움 속에 얼마나 굳게 갇혀 있었는지를 보여주었습니다.

연약하고 버림받고 병들고 '무능력한' 사람들의 삶은 모든 사람들에게 중요합니다. 그들의 삶에는 비밀스러운 뜻이 담겨 있

내 삶을 바꾼 구절

301

으며 아름다움이 감추어져 있습니다. 버림받은 아이, 배반당한 남자, 알코올중독자인 아들을 둔 어머니, 정신지체 장애가 있는 소녀, 노인, 죄수, 죽어가는 사람들은 '낙오자'도 아니고 '쓸모 없는 사람'도 아닙니다. 이들은 인류라는 큰 나무의 보이지 않는 은밀한 뿌리와 같습니다.

우리는 줄기와 가지와 잎과 열매만을 봅니다. 우리는 강자들과 학자들과 힘 있는 자들과, 대낮에 드러나게 활동하면서 과시하는 유능한 자들만을 높이 평가합니다. 땅속에 숨은 채 밤에 나무 전체에 생명을 전달하는 뿌리들, 그 연약한 자들과 가난한 자들과 불행한 자들은 무시해버립니다.

나에게 예수님을 따른다는 것은, 그분이 숨어 계신 연약한 자와 가난한 자 사이로 그분을 따라가는 것입니다.

_장 바니에, 《희망의 사람들 라르슈》

무릇 교회란 세상의 가치가 전복되는 곳이다. 부자와 잘생긴 자와 성공한 자와 많이 배운 자들이 세상에서처럼 교회에서도 여전히 높임을 받는다면, 빈자와 못난 자와 실패한 자와 가방끈

짧은 이들이 세상에서처럼 교회에서도 루저와 잉여가 된다면 그건 교회가 아니다. 뼈아프게도 한국 교회는 지극히 작은 자들이 점점 몸담기에 불편한 곳이 되어가고 있다.

나는 가난한 자들을 편애하시는 하나님을 믿는다. 가난한 자가 복이 있다고 한 성경을 믿고, 가난한 자에게 복음을 전하려고 기름부음 받았다고 한 예수를 믿는다. 장 바니에에게 그랬듯이 나와 여러분에게 예수를 따른다는 것이 지극히 작은 자 사이로 주님을 따르는 것이 되기를 두 손 모은다.

말랑한 감사가 철옹성을 무너뜨린다

나는 감사의 마음이 어떻게 삶과, 나 자신과, 세상에 대한 급진
적인 만족을 가져올 수 있는지를 알고는 깜짝 놀랐다.

우리는 항상 더 해야 한다—더 관심 갖고, 더 성공적이고, 더
사랑하고, 더 재능을 갖춰야 한다—는 의식으로 인해 소진될
것이 아니라 내게 주어진 삶의 선물이 충분하다는 깨달음과 함
께 (삶을) 지속해나갈 수 있다.

"나는 충분해"라고 말하는 것은 장점과 단점을 가진, 있는 모
습 그대로의 내가 변화를 만들 수 있다는 것을 의미한다. 이것
은 힘에 대한 새로운 자각의 시작이다.

이는 또한 "나는 매우 충분해"라고 말하는 것이며, 이것은 불
만족의 문화 속에 우리를 마비시키는 모호한 죄악에서 벗어나
자유를 누리는 첫걸음이 된다.

우리가 삶을 당연하게 여기는 대신 내게 주어진 충분한 선물로
서 받아들일 때 삶의 깊은 영적인 차원에서의 변혁을 경험한다.

행복의 방편을 찾기 위해서, 세상에 변화를 일궈내기 위해
서 지금 그대로의 내 모습과 달라지려 하거나 더 나아지려고
해서는 안 된다.

_메리 조 레디, 《급진적 감사》

유학 시절, 내가 가장 사랑했던 선생님 메리 조는 오늘날 문화의 가장 큰 특징으로 '만족치 못함'과 '당연히 여김'을 꼽는다. '매사에 불평'이란 말만큼 현대인의 모습을 적나라하게 반영해 주는 것도 없다. 불만족과 무감동은 우리네 모든 삶 속에 켜켜이 침투하여 거의 조건반사적이고 무의식적인 수준에서 작동한다. 이렇게 도탑게 쌓인 불만족의 토대 위에서 우리는 더 많이 욕망하고 소비하는 제국의 노예가 된다. 이런 형국에서, 내 인생의 밑바닥까지 송두리째 긍정하는 급진적인 감사는 제국을 붕괴시키는 게릴라전의 기본 전술이 된다.

물론 감사와 자족을 오남용한 역사를 외면할 수는 없다. 현실을 정당화하려는 모든 시도에 단골로 동원된 것이 이들 덕목이다. 기독교가 인민의 아편으로 폄하된 것은 불의에는 나 몰라라 하면서 "범사에 감사하라"를 주문처럼 되뇌었기 때문이다. 하지만 물신숭배와 그에 기반한 소비사회에서 감사와 그에 기반한 자족은 세상을 거스르는 저항의 몸짓이 된다. 구태의연하고 오글거리기까지 한 감사가 소비문화에 가하는 철퇴가 된다. 내가 늘 복창하고 다니듯 '충분하다'는 말은 소비사회에 맞서는 가장 강력한 어휘다.

20대에는 내 우물물을 배불리 떠먹으며 보수 복음주의 신앙의 가치를 탐구하고 실현하는 데 몰두했다. 30대에는 내가 속해 있지 않은 전통과 교단의 형제자매에게 배우며 신학의 외연을 넓히는 시기였다. 먼 나라에 유학까지 가서 다른 전통에 속한 우물물을 길어 먹으며 부족한 자양분을 섭취하려고 애썼다. 그리고 이제 40대에는 나의 뿌리로 돌아와 복음주의 전통의 래디컬한 면모를 재발견하는 동시에 보수 신앙의 윤리를 급진적인 방식으로 재해석하는 데 관심을 두고 있다. 보수 교회에 차고 넘치는 예배, 봉사, 교제, 감사, 순결, 결혼, 사랑과 같은 덕목들의 대조대안적 잠재력이 드러날 때 우리는 새로운 세상을 목도하게 될 것이다.

산작약

아버지 됨의 영광과 고통

아기의 생명은 아버지가 시작합니다. 보다 근본적인 개념으로 말하면 아기는 아버지가 낳습니다. 한국 속담에도 있지 않습니까? "아버지 나를 낳으시고 어머니 나를 기르시고"라는 말입니다.

아기는 아버지가 낳는다는 말을 쉽게 흘려듣지 마십시오. 이 말은 지금까지 우리가 생각해왔던 것과는 차원이 다른 삶의 질서를 제시하고 있기 때문입니다. 그렇습니다. 이 말은 아버지가 생명권을 갖고 있다는 뜻이요, 아버지에게는 보이지 않지만 어머니가 가진 모태보다도 더욱 강하고 중요한 부태가 있다는 뜻입니다. 아버지의 몸에, 영혼에 아기 방이 있다는 사실을 당신은 아셨습니까?

아침 일찍 일어나 얼굴도 보기 전에 출근해서 자녀들이 잠든 늦은 시간에 귀가하는 아버지, 그야말로 새벽별 보기 운동과 밤별 보기 운동의 선수인 아버지, 퉁퉁 부은 얼굴로 일어났다가 피곤에 찌든 얼굴로 귀가하는 아버지, "어휴"로 자리에서 일어나 "어이구" 하며 자리에 눕는 아버지, 집에 들어가 자녀와 대화할 시간은 없어도 충혈된 눈으로 비디오 한 편은 꼭 봐야 자는 아버지, 술과 담배로 친구 삼고, 애지중지 신문은 옆에 끼고, 일은 목숨처럼 여기며 살아가는 아버지, 그러나 정작 가장 귀하게 여겨야 할 아내와 자식은 부담으로 안고 살아가는 아버지, 함께 있지만 있지 않고, 없지만 너무 큰 영향력을 미치는 아버지, 그 아버지라는 존재가 아들인 자신에게 얼마나 큰 영향력을 미쳤는지 누구보다도 잘 아는 사람이, 막상 자기 자녀에게는 아버지가 되어주지 못하는 아버지, 이런 아버지 때문에 가정과 사회는 무너지고 있습니다.

당신을 초대합니다. 남자로 태어나 앉을 수 있는 가장 큰 자리, 바로 아버지의 자리로 당신을 초대합니다. 당신이 꼭 한 번 앉아야 할 자리가 있다면 그것은 아버지의 자리입니다. 이 세상 그 어떤 자리도 아버지만큼 삶에 큰 영향력을 주는 자리는 없습니다.

아버지가 된 당신에게 남기고 싶은 한마디가 있습니다. '남자라는 신분의 절정은 아버지가 되는 것'입니다. 기억하십시오.

_도은미, 《아버지가 되신 당신에게》

큰애를 태에 품고 나서 이 책을 보게 된 것이 내게나, 우리 아이들에게나 얼마나 큰 행운이었는지 모른다. 불임으로 힘겨워하는 지인들에겐 송구하지만 남자로 태어나 오를 수 있는 가장 영광스러운 아버지의 자리를 네 번이나 앉았다. 입버릇처럼 말하듯, 버젓한 학위도 목사안수증도 없는 내게 알량한 자랑거리가 있다면 '네 아이의 압바(아빠)'라는 면류관이다. 그런데 세상의 이치가 그렇듯 영광에 따른 고통도 에누리 없이 정비례한다. 애들은 커가고, 나는 늙고, 체력과 인격의 한계를 절감하는 날이 늘어나면서 네 아이의 아비 됨이 무겁게 다가온다.

안해가 동네 병원에 간호사로 일을 시작하고 내가 잡지사 편집장을 그만두면서 아침저녁으로 네 아이를 먹이고 씻기고 등하교시키는 일을 맡게 됐다. 그 즈음에 우울증에 걸려 감정 조절이 안 되면서 애들한테 소리 지르는 일이 늘어났다. 좋은 아빠가 되리라 늘 다짐했지만 못된 아빠에서 벗어나지 못했다. 특히 원고 마감이 코앞인데 진도가 안 나가면 더 그랬다. 그런 날엔 책도 안 읽어주고 놀아주지도 않고 겨우 밥만 먹이는 정도였다. 아버지 됨의 기쁨이나 영광은 간 데 없던 어느 날 페터 한트케의 《소망 없는 불행》을 만나게 됐다. 저자인 페터 한트케는 이혼을 겪은 뒤 혼자 딸을 키웠는데 그가 나와 똑같은 말을 하고 있는 대목에서 멈춰 섰다. 그 역시 종일 밥 주는 사람 이상의 역할을 못했지만 그것은 꽤 괜찮은 일이고 인간으로서 할 만한 일이라는 말로 나를 위로해줬다.

지난여름 성공회 청소년 캠프에 강의하러 갔을 때의 일이다. 중고등학생들이 조별로 모인 첫 시간에 서로를 알아가기 위해 열 가지 질문에 대한 답변을 종이에 적어서 나누는 시간이 있었나보다. 질문 중에 "부모님에게 가장 고마울 때는?"이 있었는데 가장 많이 나온 답변은 "사달라는 거 사주실 때"나 "용돈 많이 주실 때"가 아니었다. 그렇다고 "날 이해해주실 때"나 "사랑한다며 안아주실 때"는 더더욱 아니었다. 놀랍게도 "밥 해주실 때"가 압도적으로 많았다. 신선한 충격이었다.

아이를 키우는 것은 생각보다 힘들지만 생각보다 유익하다. 페터 한트케는 아이를 키우지 않고 누리는 평안함을 온당치 못한 행복이라고 폄하한다. 수많은 비혼과 무자녀 부부를 생각하면 이것이 얼마나 부당한 말인지 저자 자신이 잘 알 것이다. 그럼에도 이렇게까지 '세게' 말하는 것은 그만큼 깨달음이 컸기 때문이리라.

이 글을 오늘도 '밥 주는 역할'을 수행해야 하는 분들에게 바친다. 여러분은 지금 꽤 괜찮은 일을 하고 계신 겁니다.

저녁을 놓치면 모든 것을 놓친 것

함께 먹는 것이 신학적으로 중요하다는 것을 알게 되면, 손대접
(환대) 종사자들이 왜 함께 식사를 나눌 때 하나님과 가장 가까
워지는 느낌을 받는다고 고백하는지 알 수 있다. 성만찬 식사뿐
아니라 평상시 함께 나누는 식사에도 신성한 요소가 들어 있다.
어떤 손대접 종사자들은 이렇게 설명한다. "누구나 저녁식사
자리에 있기를 원하는데, 그것은 저녁식사를 놓치면 모든 것을
놓친 것이나 마찬가지이기 때문입니다. 바로 여기에서, 우리는
떡을 떼며 예수님을 인식하지요."

_크리스틴 폴, 《손대접》

무릎을 딱 친다. 참으로 저녁을 놓치면 모든 것을 놓친 거라는
말에 삶의 지혜가 담겨 있구나 싶다. 고달픈 이 세상에서 하루
의 수고를 뒤로하고 사랑하는 이들과 더불어 한 상에 둘러앉아
먹고 마시는 기쁨조차 없다면 그게 사는 건가?
  젊은 시절 밥동무였던 친구는 "다 먹자고 하는 일인데"를 입
버릇처럼 되뇌었다. 그땐 어쩐지 인간의 삶을 그저 먹고 사는
동물적인 수준으로 여기는 것 같아 그 말이 싫었다. 하지만 따

뜻한 밥 한 끼 느긋하게 먹을 여유조차 앗아가는 이 야만적인 시대를 살면서, 옛 벗의 그 말은 삶에서 가장 중요한 것이 무엇인지 환기시켜주는 잠언으로 남았다. 그 친구의 목소리가 하루에 세 번은 성취를 향한 질주를 멈추고 자신과 주위를 살피라는 주님의 음성으로 들릴 줄은 몰랐다.

그런데 과거에는 생각할 수도 없었던 문제가 오늘날 생겨났다. 먹거리가 자본의 지배 하에 놓이고 거대한 산업이 되면서 일용할 양식에 대해 감사 대신 역겨움이 터져나오는 시대가 되었다. 하나님이 지으신 것은 모두 다 좋은 것이요, 감사하는 마음으로 받으면, 버릴 것이 하나도 없다(딤전 4:4, 새번역). 하지만 신경림 시인의 말마따나 농약 범벅의 상추에 병든 고기를 싸먹는 식탁을 감사함으로 받으면 안 된다.

주요 종교가 섭생에 큰 주의를 기울이는 것과 달리 기독교는 무엇을 먹는가에 참 무관심하다는 평을 받는다. 하지만 나는 베드로의 환상에 나온 부정한 동물들을 하나님이 거룩케 하셨다는 선포 이후 기독교만큼 식탁에 풍성함과 자유로움을 준 종교도 없다고 본다. 나의 경우 생태신학과 몸의 영성을 통해 섭생에 눈을 떴다. 임락경 목사의 《돌파리 잔소리》는 "궁극적인 것은 사람이 바른 먹거리를 생산하고 먹어서 깨끗하고 맑은 정신과 몸으로 살자는 거다. 우리는 음식에 대한 개념을 달리해야 하고, 우리 몸이 신성한 것임을 날마다 염두에 두어야 한다. (…) 우리가 죽을 때까지 배우고 공부를 하듯이 먹는 것도 이와 함께 공부를 해야 한다고 생각한다. 왜 우리는 먹는 것을 소홀히 하고 음식 만드는 일을 가볍게 생각하며 요리사들을 대학 교수 정도로 대우를 안 해 줄까?"라고 성토한다.

농약과 항생제, 성장호르몬도 모자라 온갖 유해첨가물로 범벅된 음식을 몸에 쑤셔 넣으며 제 몸을 쓰레기통으로 만드는 이 저주받은 시대에 루미의 시는 우리의 마음을 뛰게 한다.

좋은 음식을 먹으면 하나님나라를 위해 살려는 마음을 품게 된다.

이런 얘길 하면 누군 좋은 먹거리를 마다하겠냐며 돈이 없어서 그런 거라고 애먼 소리를 한다. 하지만 싼 음식만을 찾는다면 결코 '뭇 생명과 더불어 사는 밥상'이 될 수가 없다. 《지구복음서》의 저자인 매튜 슬릿은 이렇게 말한다. "옳은 일을 하기 위해서 더 큰 대가를 치러야 하고 이는 항상 그렇다. 만약 가장 싼 것을 사려는 마음가짐을 갖고 있다면, 노예제도와 동물학대로 끝날 것이다. 우리는 우리가 원하는 사회를 만들기 위해 선택한다." 이것이 우리 가정이 최저생계비로 살 적에도 유기농, 공정무역, 지역 먹거리를 고집한 이유이기도 하다.

악하디 선한

우리는 근본적으로 선하다. 그것이 우리의 본질이다. (…)
배려하는 마음, 선함에 대한 본능이야말로 인간을 연결하는 반
짝이는 실과 같다. 물론 인간의 선함이라는 천이 빛을 잃고 너
덜너덜해질 수도 있다. 잔인하고 냉혹한 행위도 저지른다. 그러
나 인간인 우리는 우리 존재의 근간이 되는 경건함을 완전히 찢
어버리거나 파괴할 수 없다. 우리의 본질은 달라지지 않는다.
선 그 자체인 하느님이 우리를 만드셨다. 우리는 하느님을 닮았
으며 선을 위해 만들어졌다.

_데즈먼드 M. 투투·음포 A. 투투, 《선하게 태어난 우리》

온실에서 곱게 자란 사람의 입에서 나온 말이라면 실소를 머금
었을 것이다. 그런데 남아공의 아파르트헤이트(인종차별) 체제에
서 인간이 어디까지 악해질 수 있는지를 평생 목도했던 데즈먼
드 투투 주교와 그의 딸 음포 투투 사제의 말이다보니 자연스레
옷깃을 여미고 경청하게 된다. 인간이 선하다는 이 담대한 선포
는 원죄론을 믿는 이들을 당황스럽게 만든다. 하지만 두 사람은
"인간이 선하다는 사실을 깨달은 이후 사람들을 대하는 태도가

달라지고 성서를 읽는 방식까지 달라졌다"고 한다. 반면 인간이 어쩔 수 없는 죄인이라고 강변하는 이들은 이에 대한 뼈저린 경험이나 깊은 통찰도 없이 앵무새처럼 읊어대는 경우가 많다. 적어도 《거짓의 사람들》 정도라도 읽어봤으면 좋았을 텐데, 문학과 예술을 통해 간접적으로나마 인간의 악함을 대면해보았다면 그런 식의 나이브함을 내보이진 않을 것이다.

투투 부녀가 견지하는 인간의 선함은, 예수님의 십자가 구속을 강조하기 위해 인간의 죄성을 부각하던 기존 교회의 가르침과는 언뜻 포개지지 않는다. 하지만 히스테리컬할 정도로 집요하게 인간의 죄성을 후벼 파고, 인간 내면의 선함을 조금이라도 긍정하는 것이 마치 예수님의 구속사역을 무가치하게 만드는 것인 양 으르렁대는 것이 과연 옳을까? 《긍정의 배신》이 톺아봤듯이 죄에 대한 기독교(미국 칼뱅주의)의 신경쇠약적인 집착은 마음이 여린 수많은 이들을 정신병과 자살로 몰고 갔다. 부탁인데 그게 다 믿음이 부족해서 그런 거라고 말하지 마라.

한 복음성가 노랫말처럼 너와 "나는 구원열차에 올라타고서 하늘나라 가지요"다. 그런데 차가 출발하자마자 죄책감의 비가 내린다. 그치지 않고 내린다. 회개라는 와이퍼로 영혼의 차창을

훔치고 또 훔쳐보지만 죄성의 비구름은 줄곧 따라오고, 결국 탈진과 고갈에 거듭거듭 빠지게 하는 이 구원열차 안에 기쁜 소식(복음)은 대체 어디 있는가?

물론 성경은 인간의 악함을 통렬하게 지적한다. "의인은 없다. 한 사람도 없다. 깨닫는 사람도 없고, 하나님을 찾는 사람도 없다. 모두가 곁길로 빠져서, 쓸모가 없게 되었다. 선한 일을 하는 사람은 없다. 한 사람도 없다"(롬 3:10-12, 새번역)는 것은 엄연한 하나님의 말씀이다. 하지만 인간은 그럼에도 하나님의 형상이고, 그로 인한 신성과 선함, 아름다움을 간직하고 있음도 엄연한 사실이다. 이를 부인하면 죄의 능력이 하나님의 창조보다 더 강하다고 하는 신성모독의 죄를 저지르는 것이다. 그런데도 우리는 인간의 선함을 송두리째 부인하고 죄의 능력을 경배하는 방식으로 하나님을 능멸해왔다.

이는 기독교 영성의 두 가지 갈래인, 구속영성과 창조영성 중 지나칠 정도로 구속영성에만 목을 매달아왔기 때문이다. 창조영성을 회복하여 건강한 균형감각을 되찾지 않으면 주님이 주시고자 하는 풍성한 생명을 누릴 수 없을 것이다. 이 대목에서 아담과 하와의 타락인 원죄보다 하나님의 복주심인 원복이 먼저 있었음을 일깨워준 매튜 폭스의 《원복》과, "너희는 벌레 같은 죄인이지만 나는 너희를 사랑한다"고 말하는 하나님은 필연적으로 기독교적 정신분열증을 낳을 수밖에 없다고 성토하던 에드위나 게이틀리의 《따뜻하고 촉촉하고 짭쪼름한 하느님》을 떠올린다. 우리 안에 선함이 없음을 깨닫는 것이, 우리로 하여금 더 겸손히 십자가로 나가게 해준 것도 사실이지만, 죄악의 성향을 강조하는 것만으로는 죄를 극복할 수가 없다. 투투 부녀는 놀랍게도 죄의 성향을 지나치게 의식하거나 이를 극복하려고 애쓰지 말라고 한다. 이는 "인간이 본래 잔인하고 이기적인 존재라고 믿는 사람은 그 믿음대로 행동"하기 때문이다. 도리어 "우리가 하는 모든 일 속에서 우리가 만들어진 목적을 성취하며 우리의 본질인 선함을 마음껏 누리면 된다"라고 말한다.

내가 지긋지긋하게 반복하듯이 언뜻 대립되어 보이는 양자의 공존에서 나오는 긴장을 거부하는 데에서 모든 문제가 비롯된다. 인간의 악함만을 강조하는 데에서 무기력이, 지나친 낙관에서 나이브함과 방만함이 비롯된다. 다른 걸 떠나 우리의 악함을 뼈저리게 느껴야 한다면, 우리의 선함 역시 뼈저리게 체휼해야 한다.

내 삶을 바꾼 한 구절

예수에게 베팅하라

"두목 어려워요, 아주 어렵습니다. 그러려면 바보가 되어야 합니다. 바보, 아시겠어요? 모든 걸 도박에다 걸어야 합니다. 하지만 당신에게 좋은 머리가 있으니깐 잘은 해나가겠지요. 인간의 머리란 식료품 상점과 같은 거예요. 계속 계산합니다. 얼마를 지불했고 얼마를 벌었으니깐 이익은 얼마고 손해는 얼마다 머리란 좀 상스러운 가게 주인이지요. 가진 걸 다 걸어 볼 생각은 않고 꼭 예비금을 남겨두니까 이러니 줄을 자를 수 없지요. 아니 아니야 더 붙잡아 맬 뿐이지. 이 잡것이 줄을 놓쳐버리면 머리라는 이 병신은 그만 허둥지둥합니다. 그러면 끝나는 거지. 그러나 인간이 이 줄을 자르지 않을 바에야 살맛이 뭐 나겠어요? 노란 카밀레 맛이지 멀건 카밀레 차 말이오 럼주 같은 맛이 아니오. 잘라야 인생을 제대로 보게 되는데…."

_니코스 카잔차키스, 《그리스인 조르바》

예수가 참으로 빛이요, 길이요, 진리요, 생명이라면 그에게 도박을 하는 것이 마땅치 않은가. 모든 걸 베팅하지 않고 뒤로 계산기 두드리면서 양다리를 걸치는 한 그리스도인이 된다는 것이 어떤 것인지 결코 모를 것이다.

긴 캐나다 생활을 접고 한국에 들어올 때 통장에 만 불, 한화로 천만 원 정도가 있었다. 한국에 들어와 저소득전세대출로 셋집을 얻어야 하는 형편이라면 누가 봐도 그 돈을 집 장만하는 데 보태는 게 맞다. 더구나 20대 청춘도 아니고 애가 넷이나 딸린 40대라면 응당 그랬어야 하리라. 근데 나랑 안해는 한국 들어가기 전에 그 돈 다 써서 없애자며 6개월에 걸친 여행길에 올랐다. 그 돈이 있든 없든 한국 사회에서 우리처럼 돈 버는 데 관심 없는 사람들은 하나님 은혜 없이는 못 사는 거고, 이왕 하나님께 신세질 거 확실히 지면서 살자는 게 우리 생각이었다.

3개월 간 북미 곳곳을 유랑하며 동가식서가숙하던 안해는 꼬맹이 셋과 더불어 먼저 한국에 들어갔고, 나랑 당시 열세 살이던 큰아이는 쿠바, 아이슬란드, 영국, 스페인, 모로코, 이탈리아, 프랑스 등을 거치며 세계를 한 바퀴 돌았다. 나중엔 돈이 떨어져 거지순례를 방불했지만 조르바가 말한 것처럼 줄을 잘라버린 덕에 자유가 뭔지, 인생이 뭔지 조금은 맛볼 수 있었다.

제로섬과 윈윈 게임

설사 복면을 한 하수인을 자정이 넘어 보내어 우리를 외진 길로 끌어내 죽도록 폭행할지라도, 정말이지 그런 어려움을 당할지라도 우리는 여전히 당신들을 미워하지 않을 것입니다. (아멘) 혹여 선전꾼을 고용하여 전국을 돌아다니며 흑인이 도덕적으로 미개하며 게으르다고 소문을 낸다 해도 여전히 당신을 사랑할 것입니다. (네) 우리 자녀를 위협하고 우리 가정에 폭탄을 던질지라도, 정말 이렇게 아무리 힘들고 어려워도 당신들을 사랑하는 마음은 변치 않을 것입니다. (네) 하지만 당신들은 명심해야 합니다. 우리는 이러한 고난에 굴복하지 아니하고 끝까지 인내하여 결국엔 당신들을 이길 것입니다. 언젠가는 우리가 자유를 찾을 것이며 그 자유는 우리만을 위한 것이 아니라 당신들의 마음과 양심까지도 자유를 얻게 될 것입니다. 따라서 우리의 승리는 갑절의 승리가 될 것입니다.

_클레이본 카슨 엮음, 《한밤의 노크소리》

마틴 루서 킹의 설교다. 킹에게 백인은 투쟁의 대상이 아니었다. 그에게는 흑인을 억압하는 백인 역시 인종차별이란 죄악의 희생자였다. 그는 흑인에게도 해방이 필요했지만 백인에게도 해방이 필요했고, 흑인에게도 승리가 필요했지만 백인에게도 승리가 필요했음을 간파했다. 그래서 흑인의 승리가 곧 백인의 승리이기도 한 이중의 승리가 된다고 백인의 양심에 호소하길 멈추지 않았다.

맬콤 엑스와 마틴 루서 킹의 차이는 폭력과 비폭력에만 있지 않다. 두 거장의 결정적 차이는 나의 승리가 너의 패배가 되는 제로섬 게임이냐, 아니면 너의 이김이 나의 이김도 되는 윈윈 게임이냐에 있는지도 모른다.

통일에서도 윈윈 전략은 가장 기본적인 원리가 되어야 한다. 공산당에게 가족과 재산을 잃고 분루를 삼키며 남으로 내려온 분들의 상처와 증오심에 뭐라 드릴 말씀이 없지만 60년이 넘은 지금도 어떻게든 북한을 무릎 꿇려서 앙갚음을 하겠다는 마음 씀씀이가 문제가 된다. 남쪽의 승리가 북쪽의 승리가 되고, 북쪽의 패배가 곧 남쪽의 패배가 되는 윈윈 전략으로의 발상 전환이 이뤄지지 않는 한 통일은 지난한 과제일뿐더러 통일이 되더라도 그 후유증으로 인해 안 함만 못하다는 말이 두고두고 나올 것이다.

예수의 십자가야말로 윈윈 게임의 정수를 보여준다. 하나님
과 원수 된 우리를 억지로 무릎 꿇린 것이 아니라 우리를 대신
해 십자가에 못 박히는 패배의 길을 가심으로 우리가 스스로 엎
드리도록 하는 참된 승리를 거두셨다. 그리고 그분을 내 삶의
승자로 인정하는 것이 실은 패배가 아니라 우리가 거둘 수 있는
가장 큰 승리임을 알게 하셨다.

대엽풍란

타락한 회심을 회심케 하라

(초대교회 교리문답) 교사들은 잠재적 예비자들을 양팔을 벌려 환영하지 않았다. 오히려, 교사들은 예비자나 후견인 모두에게 예비자들의 사회적인 지위, 직업, 행동에 관해 답하기 어려운 질문을 했다. 신앙문답 교사들의 관심은 예비자들이 "말씀을 들을 수 있는 능력이 있는지"를 결정하는 것이었다. 예비자들은 교회가 가르쳤던 대로 살고 있는가? 예비자들의 군복무는 어떤 상태인가? 만약 예비자가 노예라면, 그들의 주인은 어떻게 생각할까? 예비자들은 교회가 거절하는 우상숭배, 점성술, 살인이나 성적인 타락에 관련된 일부 직업과 관련되어 있지는 않는가? 만약 그렇다면 "그러한 삶을 거부하게 하십시오. 그렇지 않으면 (교회에) 받아들이지 마십시오." 만약 어떤 사람이 군복무 같은 곤란한 직업에 몸담고 있다면, 살인을 하지 않겠다고 약속한 경우에만 신앙문답예비자로 받아들여졌다. 만약 군인이 살인을 하거나 신앙문답예비자가 군대에 입대하면, "그를 받아주지 마십시오." 이것은 아마도 오늘날 우리들에게는 가혹한 율법주의, 심지어 심술이 고약해 보이기까지 하다. 어떻게 잠재적 회원이 가르침을 받기에 앞서 소속된 공동체 기준에 따라 가르침을 받은 대로 살지 않았다는 이유로 그들을 거절할 수 있을

까? 그러나 초기 신앙문답 교사들은 교회 공동체의 가치관이 전통적인 사회의 가치관과 다르다는 개념을 공동체에 전달하고 가르치려고 노력했다. 기독교 지도자들은 사람들이 새로운 삶을 어떻게 살아가야 하는지를 생각하지 못할 것이라고 가정했다. 그들은 새로운 종류의 사고방식으로 삶을 살아갔다. 예비자의 사회화와 그들의 직업, 삶의 헌신을 통해 그들이 기독교 공동체가 좋은 소식이라고 여기고 있는 것을 받아들이고 있는지를 결정했다.

_앨렌 크라이더, 《회심의 변질》

초대교회 시절, 백성들은 그리스도인들의 핍박과 처형을 수시로 목도했고, 기독교로의 개종은 곧 자신들의 목숨, 재산, 지위 상실임을 알았다. 그럼에도 그들을 하나님 앞으로 끌어당긴 당시 그리스도인들의 매력은 대체 어디서 온 것일까? 기독교 신앙에 관심을 갖는 이들에게 세상에서 볼 수 없는 친절과 따뜻함, 포용과 관대함으로 대했기 때문일까? 우리의 선先이해와는 딴판으로 초대교회는 예비 신자들에게 결코 너그럽지 않았다. 도리어 가혹할 정도로 엄격한 윤리적 기준을 고수했고 이를 준수하는 경우에만 형제자매로 받아들였다. 이를테면 어떤 사람이 군복무 같은 곤란한 직업에 몸담고 있다면, 살인을 하지 않겠다고 약속한 경우에만 신앙문답예비자로 받아들였다. 만약 군인이 살인을 하거나 신앙문답예비자가 군대에 입대하면 거절했다. 그리스도인이 되기를 희망하는 자가 공동체의 높은 기준에 따라 살지 않았다는 이유로 그들을 예비자로도 받아주지 않는건 오늘날 우리로서는 이해가 되지 않는 대목이다. 이토록 율법적으로 보이는 기독교가 어떻게 번성할 수 있었을까? 사람을 걸려 넘어지게 하는 스캔들로서의 예수가 우리의 구원이 되듯이, 사람을 걸려 넘어지게 할 정도로 지독한 회심이 교회 성장의 동력이 되었던 것이다.

이 드높던 회심, 이 지독한 회심이 어떻게 축소, 변질, 타락하는지를 이 책은 바특하게 톺아본다. 콘스탄티누스 황제의 개종이후 회심이 어떻게 '심리적 변화'로 축소되는지, 아우구스티누스의 《고백록》 이후 어떻게 변화가 아닌 '경험'이 회심의 가장중요한 요소가 되는지(그리고 오늘날 복음주의자들에게까지 이어졌는지) 잘 보여준다. 또한 "칼을 쳐서 보습을 만드는" 평화의 공동체로 스스로를 정의하던 교회가 어떻게 제국의 안전에 가장 크게 이바지하는 종교로 변질됐는지, 귀족의 신분을 내보이는 자색 옷을 벗지 않으면 침례를 베풀지 않았던 교회(오늘날로 치면, 최고급 명품을 걸치고 외제차를 끌고 오면 세례를 베풀지 않는 교회라니, 상상이 가는가?)가 어떻게 부자들의 회심을 독려하기 위해 그들의 입맛에 맞는 설교를 하게 됐는지, 콘스탄티누스 황제가 침례를 원할 때조차 그에 응당한 삶의 변화를 요구했던 교회가 어떻게 프랑크 왕 클로비스에겐 투구를 쓴 채로 침례를 베풀고 "하나님이 왕의 군대에 더 큰 힘을 주실 것입니다"라고 축복하게 됐는지, 천하고 소외된 자들이 영글어낸 변화의 열매를 통해 성장했던 교회가 어떻게 힘없는 이들에게 복음을 강요하고 심지어 유대인들을 협박하여 개종하게 했는지를 조목조목 보여준다. 그렇게 기독교는 완연히 크리스텐덤에 접어들었고 오늘날 역류crosscurrent가 아닌 주류mainstream에서 헤엄치게 됐다.

똥꽃보다 더 아름다운 꽃이 있으랴

감자 놓던 뒷밭 언덕에
연분홍 진달래 피었더니
방 안에는
묵은 된장 같은 똥꽃이 활짝 피었네.
어머니 옮겨 다니신 걸음마다
검노란 똥자국

_전희식·김정임, 《똥꽃》

치매에 걸린 어머니를 모시고 시골로 내려가 자연에서 전인 치유를 도모한 실화 《똥꽃》. 저자인 전희식 선생은 귀도 멀고 똥오줌도 잘 못 가리는 어머니가 계실 곳은 서울이 아니라고 믿었다. 사시사철 두 평 남짓한 방에서만 지내면서 밥도 받아먹고 똥오줌도 방에서 해결하는 것은 관리하는 입장에서는 편할지 모르지만 여든여섯 노쇠한 어머니의 남은 인생을 가두는 것이라고 보았다. 전희식 선생은 늙고 병든 노인을 인간이 아닌 '관리'의 대상으로 취급하는 풍조에 맞서, 어머니를 시골에서 모시기 위해 귀농을 감행한다.

생업을 접고 시골로 내려가 어머니를 수발하는 저자의 가슴에 가장 깊게 자리 잡은 것은 '존엄'이다. 전희식 선생은 우리 사회가 노인에게 저지르는 무례와 무시를, 인간의 존엄을 심각히 훼손하는 죄악으로 본다. 선생은 어머니에게 절대 반말을 쓰지 않는다. 집을 나가고 들어올 때는 언제나 큰절로 인사를 드리고 무슨 일이든 어머니에게 먼저 알리고 한다. 어머니가 하시는 말씀 한마디 한마디를 결코 흘려듣는 법이 없다.

사람들은 세상에 이런 효자가 다 있냐며 상찬을 보내지만 정작 선생은 이 책이 나올 수 있게 된 것도 어머니의 말씀에 온전히 귀를 기울였기 때문이라고 한다. 어머니에게서 되살려나오는 기억을 통해 오히려 저자가 새로 배우고 깨닫는 것이 더 많았다고 한다. 자연치유는 어머니와 더불어 어머니를 모신 아들에게도 가닿은 것이다. 일하러 나갔다 온 사이 혼자 뒷간에 못 가시고 방에 누신 어머니 똥이 꽃으로 보이는 놀라운 치유의 힘. 온 방에 똥칠을 해놓고 방구석에 웅크리고 앉은 어머니의 눈초리에서 아들에게 버림받을지 모른다는 공포를 읽어낸 전희식은 눈물을 흘리며 〈똥꽃〉이란 시를 짓는다.

어머니의 존엄성과 존재감을 높이는 것이야말로 최고의 치매

치료제임을 확신한 저자는, 늘 어머니에게 기저귀를 채워놓는 것은 '똥오줌도 못 가리는 애만도 못한 인간'으로 낙인찍는 폭력으로 보았다. 편리함 대신 인간 존중을 위한 불편함을 선택한 그의 도전은 결실을 맺는다. 어머니의 배뇨감각이 회복된 것은 물론 스스로 안방 뒷문을 열고 나가서 선생이 특별히 제작한 어머니 전용 뒷간에서 똥오줌을 보실 정도로 좋아졌다.

보라. 현대의학이 포기한 일을 인간 존엄이 해냈다.

S M Lee

삼지구엽초

내가 원하고 선택한 삶

"믿어주시오." 그가 슬프니 미소를 띠며 말했다.

"나 역시 한때는 멀리 떠나려고 했소. 하지만 그렇게 되지 않더군요."

두꺼운 안경 너머 반은 기쁘고 반은 슬픈, 뭐라 형용할 수 없는 눈빛으로 그는 나를 보았다. 마치 내 눈앞에 있는 사람은 지금의 그가 아니라 젊은 시절의 그인 듯했다.

"가지 않는 게 좋은 선택이었을 거요. 우리가 원하는 것은 아마 다르지 않을 테니까요."

그의 말은 묘하게도 믿을 만하게 들렸다. 마치 나 자신이 생각해낸 말 같았다.

"사람이 원한 것이 곧 그의 운명이고, 운명은 곧 그 사람이 원한 것이랍니다. 당신은 곰스크로 가는 걸 포기했고 여기 이 작은 마을에 눌러앉아 부인과 아이와 정원이 딸린 조그만 집을 얻었어요. 그것이 당신이 원한 것이지요. 당신이 그것을 원하지 않았다면, 기차가 이곳에서 정차했던 바로 그때 당신은 내리지도 않았을 것이고 기차를 놓치지도 않았을 거예요. 그 모든 순간마다 당신은 당신의 운명을 선택한 것이지요."

그는 오랫동안 동이 트는 아침을 말없이 바라보았고, 싸느랗고 명료한 개똥지빠귀 노랫소리만이 비현실적으로 크게 울려퍼지고 있었다.

　"그건 나쁜 삶이 아닙니다." 그가 말했다.

　"의미 없는 삶이 아니에요. 당신은 아직 그걸 몰라요. 당신은 이것이 당신의 운명이라는 생각에 맞서 들고 일어나죠. 나도 오랫동안 그렇게 반항했어요. 하지만 이제 알지요. 내가 원한 삶을 살았다는 것을. 그리고 그것을 깨달은 이후에는 만족하게 되었어요."

　_프리츠 오르트만, 《곰스크로 가는 기차》

그의 꿈은 곰스크였다. 그의 아버지도, 자신도 멋진 도시 곰스크로 가는 것이 오랜 꿈이었다. 결혼한 주인공은 전 재산을 털어 아내와 함께 곰스크행 기차에 오른다. 기차가 작은 시골마을에 정차하자 두 사람은 산책을 나섰고 그 사이 기차가 떠나버린다. 이후 곰스크로 가려는 주인공의 간절한 몸짓은 아내의 방해로 번번이 좌절되고, 아이가 하나둘 생기면서 마을에 눌러앉게 된다. 마을의 유일한 학교 선생이 된 그는 정원이 딸린 예쁜 사택에 거하며 생활의 안정을 얻게 되지만, 곰스크행 기차의 기적 소리를 들을 때마다 가슴이 찢어지는 듯한 슬픔에 젖는다. 그런 그에게 교사 자리를 물려준 늙은 선생이 말을 건넨다. 자신 역시 멀리 떠나려고 했다가 이 시골 마을에 주저앉게 되었지만, 알고 보면 그게 바로 자신이 원한 것이었음을 뒤늦게 깨달았다고 조언한다. 그 뒤로는 자신의 선택을 후회하지 않는다면서.

누구에게나 자신의 곰스크가 있지만 우리 중 많은 이들이 그 곰스크에 다다르지 못한다. 이는 냉혹하지만 엄연한 진실이다. 많은 이들이 지금의 삶은 자신이 원하는 삶이 아니며, 지금 이곳은 자신이 있을 곳이 아니라고 생각한다. 가끔 삶의 반짝이는 순간을 맛보며 행복한 웃음을 터뜨릴 때도 있지만, 혼자 남게 되면 울컥 슬픔이 배어나온다. 자신을 탓하거나 세상을 한恨하고, 혹은 누군가를 원망하기도 한다. 그런 우리에게 《곰스크로 가는 기차》는 지금 내가 택한 삶이 나의 운명이고, 그 운명은 내가 원한 것임을 깨닫게 해준다. 나는 결코 실패한 것이 아니다! 나는 내가 결정한 삶을 살고 있는 것이다.

부디 달라지지 마라

여러 해 전부터 나는 신경이 과민했다. 불안해하고 우울해하고 나만 생각하는 것이었다. 그래서 또, 만나는 사람마다 줄곧 나더러 달라져야 한다고, 너무 신경과민이라고 말하는 것이었다.

그러면 나는 그들을 원망하고 또 그들에게 찬동하면서, 내가 달라지고 싶었지만, 아무리 애를 써도 도무지 달라지지 못하는 것이었다.

제일 속상하는 일은 제일 친한 친구마저 나더러 신경과민이라고, 역시 내가 달라져야겠다고 거듭 주장하여 마지않는 것이었다.

그리고 나는 그 친구 말에도 찬동했다. 차마 그 친구마저 원망할 수는 없었지만, 나는 자신이 너무나 무력하고 너무나 속수무책임을 느꼈다.

그러던 어느 날, 그 친구가 말했다. "달라지지 말게, 지금 그대로 있어. 자네가 달라지거나 말거나 그게 정작 중요한 건 아냐. 난 자넬 그저 있는 그대로 사랑하고 있어. 내가 자넬 사랑하지 않을 수가 없거든."

음악처럼 그 말은 귀에 울리고 있었다. "달라지지 말게, 달라지지 말게, 달라지지 말게 … 난 자넬 사랑하고 있어."

그리고 나는 긴장이 풀렸다. 그리고 나는 활발해졌다. 그리고
나는, 이 얼마나 희한하고 신기한 일인가, 나는 달라졌다!

_앤서니 드 멜로, 《종교박람회》

우리는 배우자나 자녀, 친구와 동료에게 조건을 내걸며 그들을
바꾸려 든다. 수많은 버전이 있지만 원전은 이것이다. '내 말대
로 하지 않으면 더는 널 사랑하지 않겠다.' 조건을 내걸고 사랑
을 흥정하면 아쉬운 쪽은 마지못해 달라지는 시늉을 하지만 진
심으로 달라지지는 않는다.

   예수는 구한 것은 이미 받은 줄로 믿으라고 말했다. 나를 힘
들게 하는 자녀가, 연인이, 배우자가 변하기를 구했다면 이미
변한 줄로 믿으라. 믿는다면 변한 사람으로 대하라. 그러면 변
한다.

   설사 상대가 변하지 않아도 변하지 않고 사랑하라. "당신이
변했으면 좋겠어. 그건 옳지 않고 또 나를 너무 힘들게 하니까.
하지만 변하지 않아도 난 여전히 당신을 사랑할 거야." 조건 없
는 사랑은 상대를 방치하는 것이 아니라 변할 수 있는 자유의

공간을 빚어낸다. 사랑이 사람을 바꾸는 신비는 그런 공간에서 일어난다.

끝끝내 변하지 않는 이가 있다. 그렇지만 변하지 않아도 괜찮다고 말해주는 사랑은 대신 나를 변화시킨다. 상대가 아닌 내가 바뀌는 것, 그것이야말로 가장 큰 기도 응답이며 분에 넘치는 사랑의 열매다.

스스로 제한하는 은혜

"존재는 본질상 필연적으로 자기가 갖고 있는 모든 힘을 사용한
다는 것을 우리는 신들과 관련해서는 전승으로 믿고 있으며, 인
간들과 관련해서는 경험으로 알고 있다." —투키디데스. 영혼은
기체와 마찬가지로 자기에게 주어진 공간을 완전히 채우려고 한
다. 수축되는 기체, 빈 자리를 남겨두는 기체는 엔트로피 법칙에
어긋난다. 기독교의 신은 다르다. 유대의 여호와가 자연적인 신
인데 반하여 기독교의 신은 초자연적인 신이다. 자기가 갖고 있
는 모든 힘을 사용하지 않는 것은 진공을 견디어내는 것이다. 이
것은 모든 자연법칙에 어긋나며, 은총만이 그렇게 할 수 있다.

_시몬 베유, 《중력과 은총》

가진 힘과 지식을 전부 사용하지 않고 되레 스스로를 축소하고
제한하는 것. 내가 신의 사랑에 감읍하는 이유다. 하나님은 모든
존재를 규정하지만 어떤 것에도 규정되지 않는다. 오직 자신의
사랑만이 스스로를 제한한다. 베유에게 창조란 신이 자신 이외
의 것이 존재할 수 있도록 스스로 물러서는 것이었다. 몰트만
Moltmann도 자기 제한 또는 자기 수축을 뜻하는 침춤(zhimzhum,

영화 〈라이프 오브 파이〉의 배 이름)의 개념을 가져와 신이 전능성과 편재성을 거둬들이고 자신의 힘을 제한함으로써 그 공간을 피조 세계에게 내어주었다고 했다. 또한 유신론적 진화론자는 진화가 결코 신의 전능함을 훼손하는 것이 아니라 신이 자신의 능력을 제한하고 피조물에게 더 많은 가능성을 허락한 사랑의 행위로 본다. 함석헌 선생도 《뜻으로 본 한국역사》에서 하나님을 "우주과정의 뒤에서, 그 흐름의 밑에서, 그 생명 속에서, 자기 몸속의 즐거움에서 역사를 지어내기 위하여 자기를 제한해 만물 속에 나타내고 만물 위에 그 생명을 붓는 이"로 보았다. 물론 세상에는 슬라보예 지젝처럼 반대로 생각하는 이도 있다.

셸링이 암시한 것처럼, 영원성이 한시성보다 못한 것이라면? 영원은 순수가능성의 상태인 불모, 불능, 무생명의 영역이며, 영원이 스스로를 현실화하기 위해서는 한시적 존재를 거쳐야 한다면? 신이 인간에게 내려오는 것이 인류를 향한 은총의 행위가 아니라 오히려 신이 온전한 현실성을 획득하고 영원성의 숨막히는 제약에서 스스로를 해방하는 유일한 방법이라면?

_슬라보예 지젝, 《죽은 신을 위하여》

신적 자기 제한을 가장 극적으로 보여준 사건은 성육신과 십자가다. 무한한 하나님이 유한한 인간으로 축소되고, 그것도 인간 부모의 전적인 도움에 의존해서 목숨을 부지하는 갓난애로 다시 축소된 것은 물론, 장성한 존재가 되어서도 공생애 기간에 인간에게 쓸 것을 공급받고, 십자가를 지고 갈 때조차 인간의 도움을 받아야 했던 이 모든 것이 눈물겨운 신의 자기 제한이다. 디트리히 본회퍼는 신의 자기 제한이 바로 그분의 삶의 방식이라고 말한다.

> 하나님은 십자가 위에 달리심으로써 자신을 세상에서 밀려나도록 하신다. 그는 세상 안에서 연약하고 힘이 없으시다. 그리고 이것이야말로 하나님이 우리와 함께하고 우리를 돕는 바로 그 방식, 그 유일한 길이다.
>
> _디트리히 본회퍼, 《옥중서간》

제한 없는 하나님의 사랑은 정작 자신을 모든 것에 제한적이게 했다. 아, 이 지독한 사랑이여!

거룩한 바보의 길

갈수록 커져가는 국가의 힘에 맞서서 그들은 아나키스트적 비협
력주의를 선택하였다. 무지막지한 소비주의에 맞서서 그들은 가
난을 택하고, 기술주의적 추상화에 맞서서 그들은 자신의 이웃
과의 친밀한 사귐을 택하고, 풍요와 성공을 구가하는 사회에 맞
서서 그들은 남루한, 멸시당하는 자들 곁에 서 있기를 택하였다.

_리 호이나키, 《정의의 길로 비틀거리며 가다》

이건 바보의 삶이다. 이반 일리치가 이 책을 추천하며 "옛 동방
교회에서는 복음서의 가르침을 무조건 실행하려는 사람들이 있
었고, 이들에게는 두 가지 길 가운데 하나를 선택하는 게 가능
하였다. 즉, 수도사가 됨으로써 그리스도를 따르든가, 아니면
눈에 띄지 않게 '자발적인 바보'로서 살아가는 길이 있었다"라
고 했는데 리 호이나키가 바로 그렇게 살았다.

그는 안락한 삶이 보장된 교수로 지내다가 "사회에 의해 버려
진 사람들과 희생자들을 생각할 때, 내가 어떻게 고액의 급료와
특권이 보장되는 지위에 머물러 있을 수 있겠는가?" 하면서 시
골에 들어가 농부로 산다. 나중에 대학으로 돌아오지만 그땐 교

수가 아닌 청소부였다. 하지만 그는 화장실 청소를 하며 보낸 그 시절만큼 행복했던 때가 없었다고 회고한다. 살면서 요구되는 천한 일을 몸소 감당하는 것의 의미를 그보다 더 잘 밝혀준 사람이 없었다.

> 우리의 도시 한가운데에 있는 성스러운 산으로 순례의 길에 나설 수 있다. 이러한 중심은 흔히 사회의 '시궁창', 즉 내가 화장실의 비유 속에서 본 것과 같은 데서 발견된다. (…) 진정한 중심은 저 멀리 아래에, 사람의 필수적인 나날의 '천한 일'을 하는 육체적인 경험 속에 있다. (…) 중심은 어둡고, 천한, 낮은 곳에 있으며, 거기서 우리는 모든 빛을 초월하는 '빛'에 감촉될 수 있다.

누군가 내게 "그렇게 살면 세상이 바뀐답디까?"라고 냉소적으로 물어오곤 한다. 젊은 날엔 세상을 다 뒤집어놓을 것처럼 살았지만 이제 더는 내가 세상을 바꿀 수 있다고 생각지 않는다. 이런 나를 믿음이 없다고 비난해도 좋고, 비겁하다고 손가락질을 해도 좋다. 솔직히 예수가 말한 좁은 길을 가는 것만으로도 충분히 벅차다. '보무도 당당하게' 걷던 시절은 가고, 정의라고 믿는 길을 거의 매일 비틀거리며 간다. 가끔은 스스로가 한심할 정도로 버겁게 따라갈 뿐이다.

나도 안다. 개선장군처럼 자신감이 충만해도 세상을 바꾸기 어려운데 고작 낙오하지 않을 정도로 걸어서는 세상을 바꾸는 일이 요원함을 말이다. 하지만 또한 나는 안다. 이 걸음이 세상을 바꾸진 못해도 세상이 날 바꾸진 못하게 해주리란 것을 말이다. 리 호이나키가 정의의 길을 비틀거리며 갈 때 그가 늘 새기고 있던 시구는 아마 이것이었는지도 모른다.

우리가 걷는 길이 주님께서 기뻐하시는 길이면, 우리의 발걸음을 주님께서 지켜주시고, 어쩌다 비틀거려도 주님께서 우리의 손을 잡아주시니, 넘어지지 않는다.

_시편 37편 23-24절, 새번역

벌개미취

감각의 제국

> 나는 우리의 실체가 하나님 안에 있고, 더구나 하나님이 우리의 감각 안에 계심을 너무나 확실히 보았다. 영혼이 감각적으로 만들어진 순간, 영혼은 영원에서부터 하나님의 도성에까지 운명지어졌다. 우리 주 예수가 좌정하신 그 놀라운 도성은 그분이 둘러싸여 계신 감각이다. 마치 우리의 본질이 그에게 둘러싸여 있는 것처럼.
>
> _케네스 리치, 《사회적 하나님》

성령님은 우리 몸에 계시다! 우리 몸이 성령이 거하시는 성전이라고 한 다음, 뜬금없이 음란의 죄를 비난하는 건 이유가 있다. 우리가 짓는 모든 죄는 몸 밖에 있으되 음란은 성령의 전인 우리 몸으로 짓는 죄이기 때문에 더욱 경계하는 것이다. 그런데도 주일학교 시절부터 성령님이 몸이 아닌 마음에 계시다고 배웠고 평생을 그리 믿는 사람들이 너무 많다. 마치 몸의 부활을 믿는다는 사도신경의 한 대목을 매 주일 고백하면서도 천국에 가면 육체의 허물을 벗고 정결한 영혼으로 지낸다고 믿는 것처럼 말이다.

노리치의 줄리안은 담대하게도 하나님이 우리의 감각에 거하시고, 예수님이 감각에 둘러싸여 좌정하고 계신다고 말한다. 성령이 우리 몸을 집으로 삼아 머무신다면 몸이 수행하는 가장 중요한 기능인 감각에 하나님이 계시다고 말하지 못할 이유가 무엇인가. 이 지극히 초보적인 진리가 철저히 간과되면서 감각/감각적/감각성은 거룩한 영/영적/영성에 비해 늘 속되고 천하고 심지어 위험한 것으로 여겨졌다.

진정한 기독교는 육체를 철저히 긍정하며 이는 육체가 잠시 빌려 쓰고 버릴 거죽이 아닌 하나님의 창조의 고갱이임을 믿는다. 우리가 몸의 부활을 믿는다면 호세마리아 에스크리바Josemaría Escrivá가 말한 대로 "유물론으로 단죄당할 것을 두려워하지 않고 반성육신dis-incarnation에 반대"함이 마땅하다. 나는 그리스도인들이 유물론이라는 말에 얼마나 큰 혐오와 공포를 가지고 있는지 잘 안다. 하지만 신이 친히 육체로 이 땅에 왔다는 사실을 생각한다면 기독교야말로 한없이 물질을 긍정할 수 있는 유일한 '삶의 체계'다. 사실 우리가 유물론을 천하거나 위험하게 취급하면서 물질을 다룰 방법을 잃어버렸고, 그러한 유심론으로의 경도는 유물론의 반발과 공격을 초래하였다. 다시

한 번 에스크리바의 말에 귀를 기울여본다. "그러므로 우리는 기독교 유물론Christian Materialism에 대해 바르게 말할 수 있으며, 이는 영적인 것을 보지 못하는 여느 유물론을 담대하게 반대한다."

슬라보예 지젝도 유물론을 통해서만 기독교의 알짬에 닿을 수 있다고 말한다. 분명히 다른 결에서 하는 말이지만 그의 담대한 주장은 통찰을 주기에 충분하다.

> 나의 주장은, 내가 뼛속까지 유물론자라거나, 기독교의 전복적 핵심은 유물론적 방법을 통해서도 접근할 수 있다거나 하는 것이 아니다. 나의 주장은 훨씬 더 강도 높은 것이다. 기독교의 전복적 핵심은 오로지 유물론적 접근을 통해서만 이해할 수 있으며, 역으로 진정한 변증법적 유물론자가 되기 위해서는 기독교적 경험을 거쳐야 한다는 것이 나의 주장이다.

나는 수도원을 채워나가는 촛불과 좌종의 울림소리, 봄나물을 씹을 때 입안 가득 퍼져나가는 봄내음, 내 손을 부드럽게 감싸 쥐는 안해의 애정 어린 손길에 희열한다. 우울증과 공황장애가

심했을 때, 거의 매주 '죽음'을 떠올릴 정도로 버거웠을 때, 가족과 벗님들의 변함없는 사랑도 큰 힘이 되었지만, 정작 나를 그 끝 간 데 없는 우울함에서 다시 살게 한 것은 매년 어김없이 같은 골목 같은 자리에 핀 들꽃, 마치 중력을 무시하듯 내 가슴팍을 가르며 지나간 나비, 무심코 벌어진 창틈으로 들어와 이부자리 끝자락을 비추던 볕뉘였다.

나는 감각 속에, 감각 곁에, 감각 주위에, 감각을 관통하는 성령의 현존을 보며 거듭 희열한다. 아마도 나란 사람은 육체성, 물질성, 감각성을 긍정 또 긍정하고 찬미 또 찬미하기 위해 태어났나보다.

승인된 욕망

그리고 방금 저도 '권력의지가 없다'는 표현을 썼는데요, 주로 '진보' 진영에서 쓰는 이 표현에서도 저는 욕망의 왜곡을 발견합니다. 유명해지고자 눈덩이를 굴린다는 제 이야기 기억하시죠? 맞습니다. 유명해지기 위해서는 자기 의지가 필요합니다. 그런데 우리 사회의 어느 누구도 그 눈덩이를 자기가 굴리고 싶어하지 않습니다. 자기는 가만히 있는데 다른 누군가 자기 안의 보석을 발견하고 눈덩이를 굴려주길 바랍니다. (…)

보수는 자기 욕망에 비교적 정직한 사람들입니다. 욕망에 정직하다보니 욕망이 굴절될 여지가 적습니다. 그러나 진보는 그렇게 단순하지 않습니다. 권력의지가 없다고 말하는 사람들은 대부분 자기 명예를 지키기 위해 권력을 포기한 사람들입니다. 최소한 스스로는 그렇게 믿고 있는 사람들입니다. 그러나 그들도 여러 욕망 중에 명예를 선택한 것일 뿐, 무슨 성인군자의 반열에 오른 게 아닙니다. 그런데도 명예를 위해 돈과 권력을 포기한 사람들은 이상한 자부심을 갖습니다. 뭘 포기했는지 객관적으로 검증된 바가 없는데도 그렇습니다. 그 자부심 때문에 자기 명예를 훼손하는 상대방에 대해 거의 살의에 가까운 분노를 느낍니다. 같은 편의 비판을 받을 때는 더 그렇습니다. 그런데

내 삶을 바꾼 한 구절

비판 앞에 너그러워야 한다는 규범의 지배를 받기 때문에 당장 분노하지는 못합니다. 겉으로는 관심없는 척 비판을 받아들이지만, 속에 쌓인 감정의 앙금은 영원히 사라지지 않습니다.

_김두식, 《욕망해도 괜찮아》

CBS에 〈세상을 바꾼 시간 15분〉이란 프로그램이 있다. 어쩌다 보니 거기에 나가게 됐다. 어쩌다 보니 "197만원으로 6인 가족 신나고 의롭게 살아가기"란 제목으로 이야기를 나눴다. 어쩌다 보니 그 동영상 때문에 좀 유명세를 타게 됐다.

내가 부와 지위를 좇는 대신 맘몬에게 똥침을 놓으며 산다는 이유로 간혹 존경을 표하는 이들이 있지만, 짜장 따지고 보면 나 역시 여러 욕망 중에 '성공과 안락을 멀리하는 데서 오는 명예'를 선택한 것이다. 집도 차도 핸드폰도 없단 이유로 나를 은근 업신여기는 사람들도 밉고, 안수를 받지 않았단 이유로 나를 만만히 여기는 목사들도 밉지만, '청빈'과 '자발적 가난'을 살아내려 애쓰고 있다는 나름의 자존심을 건드는 사람이 더 야속하게 느껴지는 이유가 그 때문인지도 모르겠다.

세속적 성취에 연연하는 삶을 속물적이라고 느끼는 나 같은 이들은, 어쩌면 신앙 안에서 승인받을 수 있는 욕망, 죄의식 없이 한껏 추구할 수 있는 욕망을 전략적으로 선택한 것인지도 모른다.

끝없이 패배하는 삶을 한없이 긍정하다

이 실험, 이 모험을 즐기지 않고 어떻게 코뮨주의자가 되겠는
가. 엄숙한 자들, 진지한 자들에게는 우리의 실험이 실패들의
연속으로 보일 것이다. 그들은 우리의 끊임없는 여정 자체를 실
패의 증거로 삼을 것이다. 우리를 보는 것만으로도 그들은 피로
를 느낄지 모르겠다. 그러나 우리의 실패들은 우리의 성공들이
기도 하다. 우리는 "아무도 실패해본 적이 없는 새로운 방식으
로만 실패할 것"이기에. 우리는 언제든 우리의 이전의 실패들,
이전의 성공들로부터 쉽게 떠날 수 있을 만큼, 그리고 우리에게
익숙한 모든 것들로부터 언제든 쉽게 떠날 수 있을 만큼 가벼워
지려 하기 때문이다.

우리는 결국 웃을 것이라고 말하지 않는다. 우리는 웃으면서
시작하자고 말한다. 우리는 지금으로부터 160년 전 세상에 퍼진
〈코뮨주의자 선언〉을 기억하고 있다. 우리는 그 선언자들의 자
유로운 정신을 사랑한다. 그들은 그들에게 결여된 자본, 국가,
가족 등에 매달리지 않았다. 그들은 결여를 채우려 하지 않고 그
결여를 버려버렸다. 그들은 결여 자체를 결여하게 했다. 그들은
돈과 권력, 박애를 얻지 못했지만, 그것들을 얻기도 전에 버려버
렸다. 결여감, 그것이 쇠사슬임을 알았다. 결여감을 지닌 자는

떠나지 못한다. 결여된 것을 얻고자 매달리기 때문이다. 충만한 자는 어디로든 떠날 수 있다. 매달릴 곳을 갖지 않기 때문이다. 아니 매달릴 곳을 갖지 않은 자야 말로 진정 충만한 자이다. 가볍게 떠날 수 있다는 것. 그것이 그 정신의 위대함을 말해준다.

　자, 우리도 웃으며 떠날 시간이다!

　　_고병권·이진경 외, 《코뮨주의 선언》

"믿음으로 아브라함은, 부르심을 받았을 때에 순종하고, 장차 자기 몫으로 받을 땅을 향해 나갔습니다. 그런데 그는 어디로 가는지를 알지 못했지만, 떠난 것입니다"(히 11:8, 새번역)라는 말씀에 대한 이보다 더 좋은 주석, 더 나은 강해 설교가 또 있을까? 아무도 실패해본 적 없는 방식으로 실패하는 것, 그것만큼 그리스도인의 삶에 어울리는 말이 또 있을까?

　뭔가 발랄한 패배다. 쿨한 패배다. 하지만 우리네 삶이란 패배를 기분 좋게 뇌까릴 수 없을 만큼 절박할 때가 많다. 피눈물이 나는 패배를 거듭거듭 당하고 종내는 확인사살까지 당하면서도 과연 희망이란 사치를 내뱉을 수 있을까. 송강호는 《평화,

그 아득한 희망을 걷다》에 실린 옥중 일기에서 장엄하기 이를
데 없는 패자의 곡조를 읊조린다.

정의가 불의에 의해 처형당하는 역사는 예수 그리스도 당시에
도, 1940년대 (나치 치하) 독일에서도, 그리고 지금 새 천 년의
벽두에 있는 우리 대한민국에서도 끊임없이 반복된다. 우리는
예수 그리스도와 의를 위해서 핍박받았던 그리스도인들의 생애
와 죽음을 통해, 감추어진 역사의 진실을 배워야 한다. 삶의 의
미는 이기는 데 있는 것이 아니라 패배하는 데 있다. 한 번 혹은
몇 번의 패배로 물러나는 미완성의 패배가 아니라 어떤 시련도
절망도 좌절도 끝내 거부하고, 끝없이 패배하는 삶을 한없이 긍
정하면서 끝까지 포기하지 않는 삶이 우리의 운명이 되어야 한
다. 나는 믿는다. 우리는 패배하고 신은 승리하며, 우리는 죽지
만 신은 우리를 다시 살려내신다는 진실을.

한두 번의 패배에도 숨어버리고 몇 차례의 절망에도 포기하는
나는 과연, 끝없이 패배하는 삶을 한없이 긍정하면서 끝까지 포
기하지 않는 삶을 이내 운명으로 삼을 수 있을까.

연꽃

읽지 않아도 괜찮아

잃지 않은 책에 대해 부끄러움 없이 말할 수 있으려면 가정과 학교에 의해 강압적으로 전파되는 흠결 없는 문화라는 강박적인 이미지, 일생 동안 노력해도 일치시킬 수 없는 그 이미지로부터 벗어나는 것이 좋을 것이다. 다른 사람들에게 보이기 위한 진실보다는 자기 진실이 훨씬 더 중요하다. 우리의 내면을 억압적으로 지배하며 우리 자신이 되는 것을 가로막는 것, 즉 교양 있는 사람으로 보여야 한다는 속박으로부터 벗어나는 자만이 자기 진실에 이를 수 있다.

그러므로 용기만 있다면 자신이 어떤 책을 읽지 않았다는 사실을 솔직하게 말하지 못할 이유가 없고 또 그 책에 대한 자신의 생각을 자제해야 할 이유도 전혀 없다. 어떤 책을 읽지 않았다는 것은 가장 흔히 있는 경우이며, 부끄러움 없이 이 사실을 받아들이는 것이야말로 진짜 중요한 것, 즉 책이 아니라 어떤 복합적인 담론 상황—책은 이 담론 상황의 대상이기보다는 결과이다—에 관심을 갖기 위한 전제조건이다.

읽지 않은 책에 대해 말을 해야만 하는 상황은 고민이나 가책을 느끼며 부정적으로 경험할 수밖에 없는 것이 아니다. 이를 긍정적으로 체험할 줄 아는 사람, 죄책감의 무게를 털어버리고 자신이 처한 구체적 상황과 자신의 여러 가지 잠재적 가능성에 주의를 기울일 줄 아는 사람에게는 그런 상황이 오히려 잠재적 도서관을 열어젖혀 진정한 창조성의 공간을 제공하는데, 그 여러 가능성의 모든 풍요로움을 그대로 받아들일 줄 알아야 한다.

_피에르 바야르, 《읽지 않은 책에 대해 말하는 법》

지인들과 책을 논하다가 제법 이름난 책을 읽지 않았다는 사실을 발견하면 곧잘 부끄러운 맘이 들곤 한다. 하지만 미처 읽지 못한 책이 등장하는 건 특정 음식을 먹어보지 않은 것이나 어떤 나라를 여행해보지 않은 것보다 훨씬 더 흔한 일이다. 그런데도 유독 책을 읽지 않은 것이 창피하다면 여전히 삶의 특정한 영역을 우월하게 취급하는 이원론에 빠져 있는 것이다. 실은 꽃 이름을 모르는 것이 훨씬 더 수치스럽지 않은가.

마지막 밑줄은 《읽지 않은 책에 대해 말하는 법》에 긋는다. 책 많이 읽은 척하지 말자. 읽지 않아도 괜찮다.

고마움을 흘려보내다
Many thanks and blessings to

원고를 탈하고 '감사의 글'을 쓰는 것만큼 벅찬 시간이 있을까. 책을 내면서 이날까지 고마운 이름을 추억하는 것은 제게 하나의 전통이 됐습니다. 전작 《밀월일기》와 《욕쟁이 예수》에서 한국출판사상 가장 긴 '땡큐 리스트' 기록을 세운 바 있거니와 이번에도 뒤지지 않을 것 같습니다. 누군가 왜 그리 긴 감사의 글이 필요하냐고 물으신다면, 이는 삶과 글의 농사를 짓고 추수를 하면서 이웃을 초대해 함께 드리는 일종의 감사제라고 답하겠습니다. 어쩌면 저란 사람은 감사의 글을 위해 책을 쓰는 것인지도 모르겠습니다.

먼저 도심 속 수도공동체 '신비와저항'에서 함께 초를 밝히고 침묵해온 수사님들, '삼다'를 거친 모든 글벗들, 일상영성 수강

생들, 사당오락과 주주클럽 동역자들에게 고마움을 건넵니다. 힘든 시절 책동무로 위로가 되어준 〈CTK〉 박동욱 전 편집장과 책숨위원들, 호모북커스의 김성수 목사와 중국에서 환대해준 박명준 전 복있는사람 편집장 가족, 고통의 시간을 지날 때 잊지 않아준 이경희 엄승재 부부와 김용주 배명희 부부, 특히 교회 공간을 기쁨으로 내어주신 나드림교회와 장석윤 목사님과 교우님들, 늘 지지와 애정을 베풀어주시는 청파교회 김기석 목사님과 김재홍 목사님, 숭실대 김회권 교수님, 시인 김응교 선배, 존재만으로도 고마운 이만열 교수님, 이문식 목사님, 방인성 목사님 감사합니다.

속내를 꺼내보일 수 있는 공인현 형님, 늘 챙겨주는 최헌영 형님, 항상 따뜻한 맘으로 맞아주시는 김장환, 김진세, 김병년 형님, 우리 가족 주치의 이대일 원장님, 자급사제로 살아가는 심미경 신부님, 언제나 편안한 청어람 양희송 형, 가방을 건네준 김종희 선배, 우리 자식 일을 제 일처럼 돕는 한병선 누나, 교계 최고의 글쟁이라고 상찬해준 서재석 전 〈복음과상황〉 편집부장님, 졸저 《욕쟁이 예수》에 대해 과찬을 베푼 한국신학연구소의 김준우 목사님과 자비로 수십 권을 사서 뿌린 후배 조익상과 장재익, 《욕쟁이 예수》 많이 팔아준 김용민 피디, 대한민국 최고 치과 이랑치과 김이섭 형님, 제 발이 되어주는 우리 동네 강북02 마을버스 기사님들, 전세금 안 올린 주인아주머니, 그리고 거리 투쟁하다가 구치소에 잡혀가고 100만원 벌금 맞았을 때 알음알음 도와주신 모든 분들께 고개 숙입니다.

부족한 이를 선대해주시는 유유출판사 조성웅 대표, 북인더갭 안병률 선생님, 성서유니온 김주련 대표님과 천서진, 이용석, 이동열 간사님, 〈복음과상황〉 옥명호 편집장님과 이현주 팀장님, 분도출판사의 김만호 차장님, 전 샘터 이미현 팀장님과 김아람 편집자님, 남원 동광원 식구들, 환경운동가 최병성 목사님, 새길교회 정경일 선생님, 도보순례자 홍만조 목사님, 피아노 백미숙 집사님, 소프라노 박은미 선생님, 제 전담 일러스트레이터 신정은 작가님, 거제도의 곽찬미, 화가 윤인선 선생님, 울산의 은선, 최동훈 홍은혜 부부, 빠이의 박혜인 누나와 털보 박호진, 대구의 최성훈 아우, 환경운동가 정한철 아우, 제주 세인트하우스 강민창 형, 요한과 지아 부부, 사는 모습이 예쁜 고마운 후배 창원이, 상담치료사 정수진 선생님, 산티아고 가자는 안승용 아우님, 삼다 졸업문집으로 늘 신세지는 김미향, 청파교회 강세기 집사님과 황현성 권사님, 대장간의 배용하 형님과 달팽이 형수님, 자캐오 민김종훈 현주 씨 부부, 우리나라와 정민 부부, 강도현 도영 형제, 아끼는 후배 박성종과 이경무, 회복적 정의 박지호, 전주의 최익현, 밴쿠버의 황선관, 지리산의 한수경, 뉴카슬의 강효원, 제주도의 김세희, 보드게임 박광제, 살림 세무 김집중과 그림 그리는 김수미 남매, 제3세대그리스도교연구소 김진호 목사님, 정용택 목사, 이진오 형, 윤환철 형, 친구 김종환 목사, 민대백 형, 구교형 형님과 최미곤 형수님 부부, 이광하 목사님, 시와찬미교회 이견우 형님, 구리 낮은마음교회 오준규 벗님, 송산 포도 이상배 선생님, 군산의 차지훈 선생님, 힘든 시간 위로해주신 캐나다의 김송 사모님, 아름다운 배움의 고원형 선생님, 여러모로 고마운 임자헌 임예헌 선생 자매, 꾸준한 사랑을 베풀어준 후배 김지윤, 시인 조정 선생님, 문형태 이사님, 감귤 강성주 목사님 내외, 김주경 전도사님, 손주환 목사님, 두레연구원의 김건호 형, 박경현 누나, 신경희 형, 바닥소리의 용석, 영신 누나, 소설가 최성문, 더봄안경원 김수암 원장님, 영화판 조정래 감독, 오래오래 고마운 박은미 자매와 부모님, 광화문 세월호 천막에서 함께 노숙했던 양정지건 그대들은 이름 석 자에 다 담아낼 수 없는 제 고마움의 마음을 읽어주기 바랍니다.

이제는 옛일이 되었지만 7년 동안 사역했던 토론토 성산교회를 떠난 이후에도 우리 가정을 들여다보시고 애정을 멈추지 않았던 김성희, 강성룡, 권정화, 정진숙, 김미숙 집사님과 폴라 Paula, 아직도 캐나다에서 손편지와 선물을 보내주는 지수를 비롯 필립(주선종), 지환, 지혜, 백진욱 집사님과 정을 나눕니다. 토론토에서 보낸 마지막 시간까지 늘 함께해준 벗님 최봉규 목사, 박종기 목사님, 권정후 전도사, 우리 가족을 어여삐 여겨준 칼럼 어머니와 남편 데렉Derek, 이모 같은 교목 메릴린Marylin, 한 달 동안 묵으며 공동체 생활을 경험하게 해준 브루더호프 Bruderhof 뉴 메도우 런New Meadow Run 공동체 친구들, 거기서 인연을 쌓은 정연근 정성한 목사님 가족들, 보스턴 회동을 통해 진한 우정을 나눈 북미 교역자 모임의 벗님들인 김홍덕, 이태후, 최용하, 홍장석, 허현, 김성민, 김성환 목사님과 가족들 한 분 한 분에게 안부를 전합니다.

사랑을 아끼지 않는 미숙 누님, 코스타를 통해 만난 안상현 형님, 센터링침묵기도를 가르쳐주시고 《밀월일기》를 그해의 가장 뜻 깊은 일로 꼽으신 권희순 목사님, 아끼는 후배 용훈 용욱 형제와 박시형, 콜로라도의 박정환 형, 또 하나의 가족인 스리 힐스Three Hills의 온유와 경아 누나, 재수와 부열이네, 영적 은사인 박남신 공남숙 선교사님 내외, 세계 여행 할 때 환대해준 쿠바의 김성기 목사님과 스코틀랜드의 정종은 박소라 부부, 변함없는 우리 박지수, 손태환 목사님, 찰스 형님, 전요셉 아우님, 이제경 형제, 박상진 아우님, 김마태 전도사님, 존경하는 후배 박세혁과 남상곤, 덴버의 이요셉 목사님 가정, 그리고 보스턴에서 맺어진 하나 같이 귀한 인연 동규 노아 제인 지담 세은 희선 시내 지현 누님, 무엇보다 캐나다에서 마지막 1년을 보내며 우리 가정이 쉼과 회복을 누리도록 배려해주신 토머스 김진혁 목사님과 University Presbyterian Church 교우들, 갈 곳 없던 우리 여섯 식구를 들여 한 가족으로 지내게 해준 버니스Vernice 엄마에게 큰 사랑을 띄웁니다. 엄마, 하늘에서 편히 쉬세요. 부치지 못한 선물이 아직 제 선반에 놓여 있네요. 다음에 이 책과 함께 찾아뵐게요.

가족을 빼놓을 수 없지요. 날이 갈수록 더 사랑하는 아버지와 엄마, 누나들과 매형들, 귀하신 장모님, 늘 고마운 처형들, 처제, 처남들, 형수님, 사람 좋은 동서들과 출간의 기쁨을 나눕니다.

내 몸의 열매인 해민, 화니, 해언, 해든. 허물 많은 나를 누구보다 더 사랑해준 얘들아, 압바가 인생의 가장 힘든 시기를 통과하며 너희들에게 상처를 주었을 때 너희들은 사랑으로 되갚아주었지. 이 글을 쓰면서도 눈시울이 뜨거워지는구나. 너희들 모습을 보고 있음 긴 장마 끝에 햇빛이 들며 무지개가 피어나듯 그렇게 압바의 마음도 피어난단다. 너희들의 숫자만큼 엄맙바(엄마아빠)의 몸고생 맘고생도 더해지지만, 다른 이들보다 조금은 더 환한 마음을 갖고 살게 된 건 너희들 덕분이란다.

마지막 감사의 자리는 연애 10년을 포함해 거의 30년을 반려해준 내 사랑 순영이를 위한 것입니다. 못난 저의 부족함으로 우리 가족의 여정에 차질이 생겨도 오래 참아주고 격려해주는 순영이, 내가 낙심해 있을 때면 성급히 위로하려 들지 않고 스스로 지혜와 기쁨을 찾을 수 기다려주는 순영이, 장모님에게

"순영이랑 결혼하게 해주셔서 고맙습니다"고 할 정도로 고마운 순영입니다.

이제야 출판을 맡아준 분들의 차례가 되었네요. 출판사 대표이기 전에 호형호제 하며 우정을 쌓은 비아토르의 김도완 대표님의 손을 따뜻하게 잡아드리고 싶습니다. 또한 표지를 예쁘게 다시 디자인해준 이파얼 님, 원고를 봐준 이지혜, 박은경 님에게도 고마운 말씀을 올립니다. 귀한 시간을 내서 과분한 추천사를 써주신 문학평론가 김기석 목사님, 시인 김응교 교수님, 에세이스트 김현진 선생님, 시인 정호승 선생님께 진심어린 목례를 올립니다.

요한복음에 예수님의 행적을 다 기록한다면 이 땅에 둘 곳이 없다고 했듯이 고마운 분들의 이름과 사연을 다 기록한다면 감사의 글이 본문보다 더 길어지는 사상 초유의 사태가 발생할까봐 이만 접겠습니다. 대신 이날 이때까지 내가 기억하든 기억하지 못하든 여태까지 마음 한 조각, 말 한 마디, 차 한 잔, 노래 한 소절, 축복 한 번, 동전 한 닢이라도 나눠 주신 모든 분들께 감사드리며 실수로 빠뜨린 분이 있다면 섭섭함을 더 큰 사랑으로 바꾸어주기를 간곡히 부탁드립니다.

짐작했겠지만 끝은 늘 그분의 차지입니다. 글 말미마다 그분께 감사와 영광을 돌린다고 쓰는 것은 상투적이라 영 내키지 않는 노릇입니다만, 프랑수아 페넬롱Francois Fenelon의 말마따나 하나님께는 아무리 드려도 오히려 부족하기에, 이 모든 고마움으로 이내 삶을 가멸게 하신 내 사모하는 주님께 살뜰한 찬미를 올려드립니다.

_수유리 삼각산 자락에서
과분한 굄을 입은, 총寵
순한 꽃망울, 순영順英
백성을 풀어줄, 해민解民
진흙 속 연꽃, 화니花泥
화해의 언덕, 해언解釃
해든살이 해든누리, 해든

인용 출처

ㄱ

《가난한 사람들을 위한 은행가*Banker to the Poor*》 무하마드 유누스Muhammad
Yunus · 알란 졸리스Alan Jolis, 정재곤 옮김, 세상사람들의 책, 2002

《간디 자서전: 나의 진리실험 이야기》 함석헌, 한길사, 2002

《개혁된 목사*The Reformed Pastor*》 리처드 백스터Richard Baxter, 저자 직역, The
Banner of Truth Trust, 1974 ※국내에는 《참 목자상》(생명의말씀사, 2012)
으로 출간

《거짓의 사람들 *People of the lie*》 스캇 펙Peck, M. Scott, 윤종석 옮김, 두란노, 1997

《걷기 예찬*Eloge de la marche*》 다비드 르 브르통David Le Breton, 김화영 옮김, 현
대문학, 2002

《게으를 수 있는 권리*The Right to be Lazy*》 폴 라파르그Paul Lafargue, 조형준 옮김,
새물결, 2005

《고독 속의 명상*Thoughts in Solitude*》 토머스 머튼Thomas Merton, 장은명 옮김, 성
바오로출판사, 1999

〈고등어〉, 앨범 〈레 미제라블〉에 수록, 루시드 폴 노래, 2000

〈고백〉, 《울음 소리 작아지다》에 수록, 최문자, 세계사, 1999

《고백*The Long Loneliness*》 도로시 데이Dorothy Day, 김동완 옮김, 복있는사람,
2010

《고백록*Confessions*》 아우구스티누스

《고종석의 유럽통신》 고종석, 문학동네, 1995

〈고향〉, 《아Q정전*阿Q正傳*》 루쉰魯迅, 김태성 옮김, 열린책들, 2011

《곰스크로 가는 기차*Tee mit Rum*》 프리츠 오르트만Fritz Ohrtmann, 안병률 옮김,

북인더갭, 2010

"공포 속에서의 사색Thoughts in the Presence of Fear", 웬델 베리Wendell Berry, 저자 직역, 오리온Orion 매거진 온라인판, 2011년 가을호

〈곽낙원〉,《고은-한국대표시인 101인선집》에 수록, 고은, 문학사상사, 2003

《교회 언니, 여성을 말하다》양혜원, 포이에마, 2012

《구별짓기Distinction》피에르 부르디외Pierre Bourdieu, 최종철 옮김, 새물결, 2005

《귀여운 여인Dusbechka》안톤 체호프Anton Chekhov

《그대 영혼에 그물을 드리울 때》고진하, 현대문학, 1997 ※이 시의 원출전은 도나 샤퍼Donna Schaper의 《잘라내기: 영적 회복의 기술Stripping Down: The Art of Spiritual Restoration》(국내 미출간)

《그리스인 조르바Vios ke politia tu Aleksi Zorba》니코스 카잔차키스Nikos Kazantzakis, 이윤기 옮김, 열린책들, 2000

〈그린음악농법〉황선하

《급진적 감사Radical Gratitude》메리 조 레디Mary Jo Leddy, 저자 직역, Orbis, 2002

《긍정의 배신Bright-sided》바버라 에런라이크Barbara Ehrenreich, 전미영 옮김, 부키, 2011

《기도:영적 삶을 풍요롭게 하는 예수의 기도》오강남 엮어 옮김, 대한기독교서회, 2003

《기독교와 현대예술Art:needs no justification》한스 로크마커H. R. Rookmaaker, 김현수 옮김, IVP, 1987

〈길 위에서의 편지〉파블로 네루다Pablo Neruda

《김대중 옥중서신》김대중, 시대의창, 1992

〈꽃〉, 레이철 카슨Rachel Carson, 《민들레를 사랑하는 법》에 수록, 류시화 엮음, 나무심는사람, 1999

《꽃들에게 희망을Hope for the flowers》트리나 폴러스Trina Paulus, 김영무·홍돌로레스 옮김, 분도출판사, 1975

내 삶을 바꾼 한 구절

ㄴ

《나를 따르라*Nachfolge*》 디트리히 본회퍼Dietrich Bonhoeffer, 허혁 옮김, 대한기독
교서회, 1965

《나에게는 꿈이 있습니다*The Autobiography of Martin Luther King*》 클레이본 카
슨Clayborne Carson 엮음, 이순희 옮김, 바다출판사, 2000

〈내가 사랑하는 당신은〉, 《내가 사랑하는 당신은》에 수록, 도종환, 실천문학사,
1988

《노력론努力論》 고다 로한幸田露伴, 김욱 옮김, 지훈, 2006

《느리게 산다는 것의 의미*Bon usage de la lenteur*》 피에르 상소Pierre Sansot, 김주
경 옮김, 동문선, 2000

ㄷ

"단절Separate," 네이딘 고디머Nadine Gordimer, *New York Times*, June 8 1997,
46. Quoted from Fumitaka Mastuoka, *The Color of Faith*, 26.(저자 직역)

《대한민국 부모》 이승욱·신희경·김은산, 문학동네, 2012

《도덕경》 노자老子, 오강남 풀이, 현암사, 1995

《돌파리 잔소리》 임락경, 삼인, 2004

돔 헬더 카마라Dom Hélder Câmara, 출처 불명

《동다송 주해》 초의 스님·류건집 지음, 이른아침, 2009

《디다케*Didache*》 원저자 불명, 저자 직역 ※국내에는 정양모 역주, 《열두 사도들
의 가르침: 디다케》 (분도출판사, 2002)로 출간

《따뜻하고 촉촉하고 짭쪼름한 하느님*A Warm Moist Salty God*》 에드위나 게이틀
리Edwina Gately, 황애경 옮김, 분도출판사, 1998

《똥꽃》 전희식·김정임, 그물코, 2008

《뜻으로 본 한국역사》 함석헌, 한길사, 2003

ㄹ

〈라스트 모히칸The Last of the Mohicans〉 마이클 만Michael Mann, 1992

《루터의 기지*The Wit of Martin Luther*》에릭 그리치Eric W. Gritsch, 저자 직역, Fortress, 2006

ㅁ

《마음에는 평화 얼굴에는 미소》틱낫한, 류시화 옮김, 김영사, 2002

《마호메트 평전*La Vie De Mahomet*》콘스탄틴 비르질 게오르규Constantin Virgil Gheorghiu, 민희식·고영희 옮김, 초당, 2002

〈말보다 꽃〉, 박총과 벗님들의 노래

〈매트릭스*The Matrix*〉워쇼스키Wachowski 형제, 1999

《모든 것이 은혜다*All is Grace*》브레넌 매닝Brennan Manning, 양혜원 옮김, 복있는 사람, 2012

《모리와 함께한 화요일*Tuesdays with Morrie*》미치 앨봄Mitch Albom, 공경희 옮김, 살림, 2010

《몽테뉴 수상록*Les Essais*》미셸 드 몽테뉴Michel de Montaigne, 손우성 옮김, 문예 출판사, 2007

《묵상*A Goodward Life*》존 파이퍼John Piper, 차성구 역, 좋은씨앗, 2000

《문익환 평전》김형수, 실천문학사, 2004

《믿음은 행동이 증명한다*The Irresistible Revolution*》쉐인 클레어본Shane Claiborne, 배응준 옮김, 아바서원, 2013

《밀실에 갇힌 예수》한종호, 꽃자리, 2012

《밀월일기》박총, 복있는사람, 2008

ㅂ

《변방을 찾아서》신영복, 돌베개, 2012

〈봄에의 열망〉, '박완서 베스트 컬렉션 세트' 제5권 《꼴찌에게 보내는 갈채》에 수록, 박완서, 세계사, 2007

〈붉은 돼지*Porco Rosso*〉미야자키 하야오宮崎 駿, 1992

《브루더호프의 아이들*A Little Chile Shall Lead Them*》요한 크리스토프 아놀드

Johann Cristoph Arnold, 전의우 옮김, 쉴터, 2000

〈빅 피쉬Big Fish〉팀 버튼Tim Burton, 2003

《빙엔의 힐데가르트와 함께하는 묵상*Meditations With Hildegard of Bingen*》가브리엘레 율레인Gabriele Uhlein 엮음, 저자 직역, Bear&Company, 1983

ㅅ

《사랑 안에서 길을 잃어라*Mathnawi*》루미Rūmū, 이현주 옮김, 샨티, 2005

《사랑의 폭력*The Violence of Love*》오스카 로메로Oscar Romero, 저자 직역, Orbis, 2004

《사회적 하나님*The Social God*》케네스 리치Keneath Leech, 신현기 옮김, 청림, 2009

〈살아남은 자의 슬픔〉민병일 시·이지상 노래 ※민병일의 시는 전국국어교사모임이 쓴《삶의 시 삶의 노래》(나라말, 2004)에 수록

《삶의 의미를 찾아서*The Willing to Meaning*》빅터 프랭클Viktor Frankl, 이희재 옮김, 아이서브, 2001

《삶이 내게 말을 걸어올 때*Let Your Life Speak*》파커 J. 파머Parker J. Palmer, 홍윤주 옮김, 한문화, 2001

《삼켜야 했던 평화의 언어》임재성, 그린비, 2011

《상상의 승리》릴런드 라이컨Leland Ryken, 최종수 옮김, 성광문화사, 1982

《생태적 경제기적*Das Ökologische Wirtschaftswunder*》프란츠 알트Franz Alt, 박진희 옮김, 양문, 2004

《선민과 만민*Wemm Gott zu Allen Menschen Gebt*》왈벗 뷜만Walbert Bühlmann, 정한교 옮김, 분도출판사, 1983

《선하게 태어난 우리*Made for Goodness*》데즈먼드 M. 투투Desmond M. Tutu·음포 A. 투투Mpho A. Tutu, 정택수 옮김, 나무생각, 2012

《성문 밖의 그리스도: 제3세계의 선교신학》O. E. 코스타스Orlando E. Costas, 김승환 옮김, 한국신학연구소, 1987

《성자 이현필의 삶을 찾아서》차종순, 대동문화재단, 2010

〈세월의 강물〉 장 루슬로

《소망 없는 불행*Wunschloses Unglück*》 페터 한트케Peter Handke, 윤용호 옮김, 민음사, 2002

《소비사회를 사는 그리스도인*Following Christ in a Consumer Society*》 존 캐버너 John F. Kavanaugh, 박세혁 옮김, IVP, 2011

《손대접*Making Room*》 크리스틴 폴Christine D. Pohl, 정옥배 옮김, 복있는사람, 2002

《시간과 타자*Le Temps et L'autre*》 엠마누엘 레비나스Emmanuel Lévinas, 강영안 옮김, 문예출판사, 1996

〈시골 아낙들에게 보내는 편지〉, 《헬렌 니어링의 소박한 밥상*Simple Food for the Good Life*》에 수록, 헬렌 니어링Helen Knothe Nearing, 공경희 옮김, 디자인하우스, 2001

《시민의 불복종*Civil Disobedience*》 헨리 데이비드 소로Henry David Thoreau, 강승영 옮김, 은행나무, 1999

《신곡*La comedia di Dante Alighieri*》 단테Dante

《신비와 저항*Mystik und Widerstand*》 도로테 죌레Dorothee Sölle, 정미현 옮김, 이화여자대학교출판부, 2006 ※원출처는 마틴 부버의 Werke III[저작 3]

《신은 중요하다*God Matters*》 허버트 맥케이브Herbert McCabe, 저자 직역, Mowbray, 1999

《신을 향한 갈증*Thirsty for God*》 브래들리 홀트Bradley P. Holt, 저자 직역 ※국내에는 엄성옥 역, 《기독교 영성사》 (은성사, 2002)로 출간

《신의 사랑의 계시*Revelations of Divine Love*》 노리치의 줄리언Julian of Norwich, 저자 직역, Penguin, 1999

《쎄느강은 좌우를 나누고 한강은 남북을 가른다》 홍세화, 한겨레출판사, 2008

○

《아바를 사랑한 아이*The Boy Who Cried Abba*》 브레넌 매닝, 윤종석 옮김, 복있는사람, 2007

《아버지가 되신 당신에게》 도은미, 두란노, 1996

아씨시의 성 프란체스코St. Francis of Assisi, 구두 전승

《안식*The Sabbath*》 아브라함 요수아 헤셸Abraham Joshua Heschel, 김순현 옮김, 복
　있는사람, 2007

《야생초 편지》 황대권, 도솔, 2002

〈에반 올마이티Evan Almighty〉 톰 새디악Tom Shadyac, 2007

엠마 골드만Emma Goldman, 구두 전승

《연민》 한상봉, 울림, 2000

《영성에도 색깔이 있다*Sacred Pathways*》 게리 토마스Gary L. Thomas, 윤종석 옮
　김, CUP, 2003

《예수처럼 아이처럼*Thoughts on Children*》 요한 크리스토프 블룸하르트Johann
　Christoph Blumhardt · 크리스토프 프리드리히 블룸하르트Christoph Friedrich
　Blumhardt, 전병욱 옮김, 달팽이, 2011

《예언자*The Prophet*》 칼릴 지브란Kahlil Gibran, 박철홍 옮김, 김영사, 2004

《예언자*The Prophet*》 칼릴 지브란Kahlil Gibran, 저자 직역, Modan Publishing
　House, 1986

〈오래된 기도〉, 《세상에서 가장 아름다운 시 111선》에 수록, 이문재, 김경훈 엮음,
　푸르름, 2010

〈오종목의 나의 기원〉, 《주기철》에 수록, 주기철, 홍성사, 2008

《옥중서간*Widerstand und Ergebung*》 디트리히 본회퍼Dietrich Bonhoeffer, 에버하
　르트 베트케E. Bethge 엮음, 고범서 옮김, 대한기독교서회, 1995

《욕망해도 괜찮아》 김두식, 창비, 2012

《욕쟁이 예수》 박총, 살림, 2010

《용기: 잃어버린 교육*Endangered*》요한 크리스토프 아놀드Johann Cristoph Arnold,
　전의우 옮김, 쉴터, 2001

"우리 안에 있는 미국" 손태환, 복음과상황, 2012년 4월호

《우리들의 하느님》 권정생, 녹색평론사, 2008

《원복*Original Blessing*》 매튜 폭스Matthew Fox, 황종렬 옮김, 분도출판사, 2001

《월든*The Walden*》 헨리 데이비드 소로우Henry David Thoreau, 강승영 옮김, 은행나무, 2011

《위건 부두로 가는 길*The Road to Wigan Pier*》 조지 오웰George Orwell, 이한중 옮김, 한겨레출판사, 2011

〈의심을 찬양함〉, 《살아남은 자의 슬픔*Ich der Überlebende*》에 수록, 베르톨트 브레히트Bertolt Brecht, 김광규 옮김, 한마당, 1990

《이것이냐 저것이냐*Enten-Eller*》 쇠렌 키르케고르Søren Kierkegaard, 권오석 옮김, 홍신문화사, 1988

《이성, 신앙, 그리고 혁명*Reason, Faith, and Revolution*》 테리 이글턴Terry Eagleton, 저자 직역, Yale University Press, 2010 ※국내에는 《신을 옹호하다》(모멘토, 2010)로 출간

《20세기 소년*20世紀少年*》 4권, 우라사와 나오키浦沢直樹, 서현아 옮김, 학산문화사, 2001

이용도의 일기(1930년 2월 20일자), 출처 불명

《인간적인, 너무나 인간적인*Menschliches, Allzumenschliches*》 프리드리히 니체 Friedrich Nietzsche, 황문수 옮김, 삼중당, 1984

《인디언 인권의 수호자 바르톨로메 데 라스카사스*Bartolome de Las Casas*》 필립 레미Philippe Remy, 김현주 옮김, 〈평화의 사람들 시리즈〉 1권에 수록, 분도출판사, 2002

《인생은 아름답고 역사는 발전한다》 김대중, 김대중평화센터, 2010

《인생의 사계절*The Seasons of Life*》 폴 투르니에Paul Tournier, 박명준 옮김, 아바서원, 2013

《일상》 칼 라너Karl Rahner, 장익 옮김, 분도출판사, 2003

《일상적인 삶*Vie Quotidienne*》 장 그르니에Jean Grenier, 김용기 옮김, 민음사, 2001

《읽지 않은 책에 대해 말하는 법*How to Talk About Books You Haven't Read*》 피에르 바야르Pierre Bayard, 김병욱 옮김, 여름언덕, 2008

ㅈ

《자연, 그 경이로움에 대하여*Sense of Wonder*》레이철 카슨, 표정훈 옮김, 에코리
브르, 2002

〈작은 사내들〉, 《우리를 적시는 마지막 꿈》에 수록, 김광규, 문학과지성사, 2002

〈잠꼬대 아닌 잠꼬대〉문익환

《쟈크 엘룰 사상 입문》자크 엘룰Jacques Ellul, 김점옥 옮김, 솔로몬, 1994

"'절제된 삶'의 환희를 아는가" 서동욱, 시사저널, 583호 2001년 12월 28일자

《정원에서 하나님을 만나다*The Fragrance of God*》비겐 구로얀Vigen Guroian, 지
음, 김순현 옮김, 복있는사람, 2008

《정의의 길로 비틀거리며 가다*Stumbling Toward Justice*》리 호이나키Lee Hoinacki,
김종철 옮김, 녹색평론사, 2007

《존 울만의 저널*The Journal of John Woolman*》존 울만John Woolman, 저자 직역,
Secaucus, NJ: Citadel Press, 1972

《존재의 이유*La Raison D'être*》자크 엘룰Jacques Ellul, 박건택 옮김, 규장, 2005

"좀 힘들더라도 가난하게 살아야 합니다" 정병진, 오마이뉴스, 2004년 8월 6일

《종교박람회*Song of the Bird*》엔서니 드 멜로Anthony De Mello, 정한교 옮김, 분도
출판사, 1984

《주님 주신 아름다운 세상*For the Beauty of the Earth*》스티븐 보우머 프레디거
Steven Bouma-Prediger, 김기철 옮김, 복있는사람, 2011

《주님은 나의 최고봉*My Utmost for His Highest*》오스왈드 챔버스Oswald Chambers,
이중수 옮김, 기독교문서선교회, 1998

《죽은 신을 위하여*Die Puppe und der Zwerg*》슬라보예 지젝Slavoj Žižek, 김정아 옮
김, 길, 2007

《중력과 은총*Pesanteur et la Grâce*》시몬 베유Simone Weil, 윤진 옮김, 이제이북
스, 2008

〈지구를 위한 할아버지의 기도*Grandad's Prayers of the Earth*〉, 정홍규 번역, 푸
른평화 홈페이지(http://www.ecopeace.or.kr)에서 갈무리.

《지구복음서*The Gospel According to the Earth*》매튜 슬릿Matthew Sleeth, 저자 직역

ㅊ

"차이의 정치학과 아시아계 미국인의 정체성Postmodern Politics of Difference and Asian American Identity", 미국의 한인여성신학자 조원희Anne Wonhee Joh(저자 직역)

《창조 영성Creation Spirituality》 매튜 폭스Matthew Fox, 저자 직역, HarperOne, 1991

《창조성의 회복Addicted to Medioctrity》 프랭키 쉐퍼Franky Schaeffer, 드버니아 자네트 토리 옮김, 예영커뮤니케이션, 1996

《채근담菜根譚》 홍자성洪自誠, 조지훈 옮김, 현암사, 1996

《천 개의 고원Mille Plateaux》 질 들뢰즈Gilles Deleuze, 김재인 옮김, 새물결, 2001

《천천히 읽기를 권함》 야마무라 오사무山村修, 송태욱 옮김, 샨티, 2003

《침묵으로부터Out of Silence》 후미타카 마츠오카, 저자 직역, United Church Press, 1995

《침묵의 세계Die Welt des Schweigens》 막스 피카르트Max Picard, 최승자 옮김, 까치, 2010

ㅋ

《코뮌주의 선언》 고병권·이진경 외, 교양인, 2007

《크리스텐덤 이후의 예배와 선교Worship&Mission After Christendom》 앨런 크라이더·엘리너 크라이더Alan Kreider·Eleanor Kreider, 저자 직역, Herald Press, 2011

ㅌ

《탈무드Talmud》

ㅍ

《파이데이아Paideia》 베르너 예거Werner Jaeger, 저자 직역

《팡세Pensées》 파스칼Blaise Pascall

내 삶을 바꾼 한 구절

《평화, 그 아득한 희망을 걷다》 송강호, IVP, 2012

《프리덤 라이터스 다이어리*The Freedom Writers Diary*》 에린 그루웰Erin Gruwell, 김태훈 옮김, RHK, 2007

《피카소의 이발사*Picassos Friseur*》 모니카 체르닌·멜리사 뮐러Monika Czernin· Melissa Müller, 박정미 옮김, 시공사, 2002

ㅎ

《하나님 나라는 파티입니다*Kingdom of God is a Party*》 토니 캠폴로Tony Campolo, 변상봉 옮김, 이레서원, 2003

〈하나님 찬가Te Deum〉,《찰스 레즈니코프의 에세이*Charles Reznikoff: A Critical Essay*》 밀턴 힌두스Milton Hindus, Black Sparrow Press, 1977, 번역은 인터넷 에 떠도는 것으로 출처 불명

《하나님의 임재 연습*The Practice of the Presence of God*》 로렌스 형제

《하나님이 보낸 사랑의 시*Love Poems From God*》 다니엘 래딘스키Daniel Ladinsky, 저자 직역, Penguin Books, 2002

〈한 번에 한 사람〉 마더 테레사, 조정래의《인간 연습》에 수록, 실천문학사, 2006

〈한밤의 노크소리*A Knock At Midnight*》 클레이본 카슨Clayborne Carson 엮음, 심영 우 옮김, 홍성사, 2002

《호두나무 왼쪽 길로》 박홍용, 황매, 2003

《호세마리아 에스크리바와의 대화*Conversations with Saint Josemaría Escrivá*》 호 세마리아 에스크리바Josemaría Escrivá, 저자 직역, Scepter Publishers, 2007

《회심의 변질*Change of Conversion and the Origin of Christendom*》 앨렌 크라이 더Alan Kreider, 박삼종·신광은·이성하·전남식 옮김, 대장간, 2012

《희망의 사람들 라르슈*Une Porte d'Esperance*》 장 바니에Jean Vanier, 김은경 옮김, 홍성사, 2002

내 삶을 바꾼 한 구절

박총 지음

2017년 9월 7일 초판 1쇄 발행
2018년 12월 7일 초판 2쇄 발행

펴낸이 김도완
등록 제406-2017-000014호
전화 031-955-3183
이메일 viator@homoviator.co.kr

펴낸곳 비아토르
주소 경기도 파주시 문발로 197 102호
팩스 031-955-3187

편집 이지혜 박은경
제작 제이오

디자인 이파얼 지은혜
인쇄 (주)민언프린텍

제본 (주)정문바인텍

ISBN 979-11-88255-06-1 03230

저작권자 ⓒ 박총, 2017

이 도서의 국립중앙도서관 출판예정도서목록(CIP)은 서지정보유통지원시스템 홈페이지(http://seoji.nl.go.kr)와
공동목록시스템(http://www.nl.go.kr/kolisnet)에서 이용하실 수 있습니다.(CIP제어번호: CIP2017021945)